T0010978

365
días de
bondad

BroadStreet
ESPAÑOL

BroadStreet Publishing Group, LLC.
Savage, Minnesota, USA
Broadstreetpublishing.com

365 Días de bondad

Edición en español © 2023 por BroadStreet Publishing®
Publicado originalmente en inglés con el título *365 Days of Kindness*,
© 2021 por BroadStreet Publishing®
Todos los derechos reservados

9781424566082 (piel símil)
9781424566099 (libro electrónico)

Devociones escritas por Janelle Anthony Breckell

Diseño por Chris Garborg | garborgdesign.com

Traducción, adaptación del diseño y corrección en español por LM Editorial
Services | lmeditorial.com | lydia@lmeditorial.com con la colaboración de
Belmonte Traductores (traducción) y produccioneditorial.com (tipografía)

Impreso en China / Printed in China

23 24 25 26 27 * 6 5 4 3 2 1

Cualquier cosa que hagan,
háganla con amor.

1 Corintios 16:14, nbv

Introducción

Puedes caminar en bondad cada día cuando confías en que Dios sea tu fuente. Recibe inspiración para difundir compasión, generosidad y esperanza al leer este devocionario y los versículos bíblicos. Participa intencionalmente en los actos de bondad sugeridos para cada día.

Pasar tiempo con Dios te permite dar con generosidad a otros de la abundancia de su corazón hacia ti. Cuando reflejas el carácter de Dios a un mundo que a menudo parece duro, das aliento y ánimo a personas que, de otro modo, pueden sentirse olvidadas o desesperanzadas. Los actos de bondad prenden sentimientos de gratitud; y la gratitud llega muy lejos a la hora de mejorar la calidad de nuestra vida: físicamente, mentalmente y emocionalmente.

Comparte un poco de bondad hoy, ¡y observa cómo todo lo que te rodea resplandece de alegría!

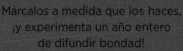

✔ ACTO DE BONDAD

El acto de bondad recomendado
para cada día puede realizarse
cualquier día del año.

Márcalos a medida que los haces,
¡y experimenta un año entero
de difundir bondad!

Enero

**Traten a los demás como les gustaría
que los trataran a ustedes.**

Lucas 6:31, PDT

Demostración de amor

David preguntó: «¿Hay alguien de la familia de Saúl
que aún siga con vida, alguien a quien pueda mostrarle
bondad por amor a Jonatán?».

2 Samuel 9:1, NTV

El amor es un regalo que no deja de darse. El amor de
David por su mejor amigo, Jonatán, hizo que buscara
de qué otro modo podía demostrar su amor. Podrías
identificarte con esta situación cuando muestras interés
por el hijo de un amigo, o muestras compasión por alguien
de quien has escuchado mediante contactos cercanos.
Cuando amas a las personas, quieres mostrar amor
también a las personas que hay en sus vidas.

Piensa en la persona en tu vida a la que más amas. ¿Hay
alguien a quien él o ella ama y a quien tú puedes mostrar
bondad por amor a esa persona? Extiende hoy los límites
de tu compasión haciendo algo por alguien a quien no
conoces muy bien. Pide al Espíritu Santo que te ayude si
sientes que esto está un poco fuera de tu zona de confort.

❏ ACTO DE BONDAD

Alienta a un niño.

El filtro correcto

Su propósito es enseñarles a vivir una vida disciplinada y exitosa, y ayudarles a hacer lo que es correcto, justo e imparcial.

PROVERBIOS 1:3, NTV

Cuando enfrentamos dilemas morales en la vida y aparentemente escogemos hacer lo correcto, no siempre sentimos o nos parece que hemos tenido éxito. Estos son los dilemas que nos hacen escoger la humildad antes que el orgullo, poner a alguien primero, o simplemente quedarnos atrás y no intentar defendernos. Se necesita mucha fuerza personal y disciplina para hacer lo correcto, pero ¿es eso equivalente a que las cosas sean justas?

¡La sabiduría no significa que siempre tengas que terminar pareciendo un perdedor! A veces, ser justo significa tener que señalar a alguien por su deshonestidad o eliminar a una persona negativa de un equipo por el bien común. La próxima vez que tengas un dilema de este tipo, pásalo por el filtro de la sabiduría de hacer lo que es correcto y justo. El mejor resultado es sentirse exitoso por estar seguro de que lo que decidiste fue lo correcto.

❏ ACTO DE BONDAD

Escribe un versículo de aliento y déjaselo a alguien en su escritorio.

Trampas para pájaros

Si un pájaro ve que le tienden una trampa,
sabe que tiene que alejarse.

PROVERBIOS 1:17, NTV

Al margen de que seas joven o viejo, probablemente te hayas encontrado con algunas trampas proverbiales. Escuchaste algunos chismes fascinantes y te acercaste más al círculo, y después añadiste más leña al fuego. ¿Y esas ocasiones en las que consentiste en gastar más de la cuenta para sentirte mejor? Muchos de estos errores parecen inofensivos, pero si no son sanos para ti ni para otros, al final echarán raíces en forma de lamentos o remordimientos.

La advertencia de este proverbio tiene que ver simplemente con reconocer los desencadenantes que te predisponen a entrar en patrones insanos. Podría ser una persona, un lugar, o cierto rincón de tu mente que te lleva hacia la trampa en la que no quieres caer. Aprende sobre esos desencadenantes, y al igual que el pájaro que se aleja de la trampa cuando la reconoce, ¡descubre tú también cómo alejarte de las tuyas!

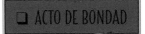

❑ ACTO DE BONDAD

Decide tener un día libre de juicio.

Sabiduría que clama

La Sabiduría hace oír su voz en las calles; clama en la plaza pública. La Sabiduría clama a los que están reunidos frente a la entrada de la ciudad y a las multitudes por la calle principal.

PROVERBIOS 1:20-21, NTV

¿Crees que la sabiduría es difícil de encontrar? ¿Te preguntas por qué cada vez hay más personas que no son sabias? Se habla de la sabiduría como si fuera una piedra preciosa; se asemeja al oro y la plata. La sabiduría aquí se destaca como si fuera alguien que clama en las calles. ¡Grita! Parece que esa sabiduría podría ser algo que puedes encontrar por ahí y oír claramente si estás dispuesto a escuchar.

Tal vez la sabiduría no sea algo parecido a una voz calmada y relajante; podría incluso sonar algo ofensiva. ¿Qué te grita hoy la sabiduría? Dedica un tiempo a reconocer cuáles son esas palabras, y a considerar la razón por la que quizá no sean las palabras que quisieras oír. La sabiduría no siempre tiene que sonar bien, pero la aplicación de sus palabras siempre aportará belleza a tu situación.

❏ ACTO DE BONDAD

Llama a algún ser querido y dile que lo amas.

Los camellos y tú

Cuando ya el criado había bebido, ella le dijo:
—Voy también a sacar agua para que sus camellos
beban todo lo que quieran. De inmediato vació su
cántaro en el bebedero, y volvió corriendo al pozo para
buscar más agua, repitiendo la acción hasta que hubo
suficiente agua para todos los camellos.

GÉNESIS 24:19-20, NVI

Cuando Rebeca viajó hasta el pozo para sacar agua, no se
podía ni imaginar de qué manera ese día iba a cambiar su
vida. El siervo de Abraham fue enviado a encontrar una
esposa para Isaac, y oró para poder reconocer a la mujer
correcta para Isaac mediante un simple acto de bondad.

Rebeca no solo le dio de beber al siervo, sino que también
le ofreció agua para sus camellos. Esta bondad vino de
su corazón, no porque sabía que eso le llevaría a algo
mejor. Que la bondad sea tu primera intención, ya sea que
coseches o no una recompensa inmediata.

❏ ACTO DE BONDAD

Dale las gracias al que recoge la basura de tu casa.

Un riesgo de bondad

Por lo tanto, les pido ahora mismo que juren en el nombre del Señor que serán bondadosos con mi familia, como yo lo he sido con ustedes. Quiero que me den como garantía una señal de que perdonarán la vida de mis padres, de mis hermanos y de todos los que viven con ellos. ¡Juren que nos salvarán de la muerte!

JOSUÉ 2:12-13, NVI

Es uno de esos dilemas morales que no nos gusta admitir de la Biblia. Rahab esconde a Josué y a sus hombres, y después engaña a las autoridades al enviarlos con información falsa. Fue un movimiento arriesgado y valiente. Era algo que podría haberle costado su vida y, sin embargo, ella supo que era parte del plan de Dios al esconder a Josué y sus hombres.

A veces, actuar teniendo en mente los intereses de otros nos parece arriesgado. Quizá tengas que hablar en contra de un supervisor injusto y poner en peligro tu puesto de trabajo. Tal vez tengas que confrontar a un amigo por sus palabras poco compasivas y arriesgar tu amistad con dicha persona. Quizá tengas que admitir un error ante tu cónyuge o tu amigo y arriesgarte a exponerlos a un dolor. La bondad adopta muchas formas, pero sé valiente y confía en que Dios te protegerá.

❏ ACTO DE BONDAD

Dile al supervisor de alguien cuán excelente es.

Lealtad

Que el Señor te bendiga, hija mía.
Esta nueva muestra de lealtad de tu parte supera
la anterior, ya que no has ido en busca de hombres
jóvenes, sean ricos o pobres.

Rut 3:10, NVI

Rut tenía el derecho de escoger en su vida. No estaba obligada a hacer el viaje de regreso con Noemí a su tierra natal, ya que podía haber escogido quedarse en su propia comunidad. No tenía que casarse con Booz, pero escogió la bondad y el cuidado genuino antes que la ambición egoísta. Al final, fue bendecida porque sus decisiones leales le marcaron con gracia y dignidad.

Cuando tienes delante decisiones que tomar, lo natural es pensar en ti mismo y en lo que las distintas opciones significarán para ti. En esos momentos, acuérdate de permitirte pensar en cómo tus decisiones podrían afectar a los que te rodean, y si tienes que estar más influenciado por la lealtad y la gracia hacia otros.

❏ ACTO DE BONDAD

Dile algo bonito a tu jefe.

Amparar

En cambio, sé bondadoso con los hijos de Barzilay de Galaad y permíteles comer en tu mesa, pues ellos me ampararon cuando huía de tu hermano Absalón.

1 REYES 2:7, NVI

Amparar a los que tienen miedo es un acto de solidaridad que supera las palabras. Hay muchas circunstancias en las que las personas tienen miedo. Podría ser un trabajo o entornos del hogar dañinos, un susto de salud, o perder a un ser querido. Tal vez has pasado por una o más de estas situaciones y podrías pensar en personas que te ampararon.

Piensa en lo que fue más importante para ti en esos momentos. Fueron las personas que te escucharon, te animaron, que oraron por ti y te mantuvieron de pie cuando te parecía que ya no tenías fuerzas. Pídele al Señor que te ayude a ser ese tipo de persona para alguien más, con el fin de que puedan confiar en que tú los ampararás sin importar lo que pueda llegar.

❏ ACTO DE BONDAD

Dile a alguien que es importante para ti.

Hazlo con otro

Y ahora, que el Señor les muestre a ustedes su amor y
fidelidad, aunque yo también quiero recompensarlos
por esto que han hecho.

2 Samuel 2:6, nvi

Hay una película sobre el concepto de devolver una buena
acción. Es un concepto sencillo, pero que causaría un gran
impacto si todos lo pusiéramos en práctica. Dicho de forma
sencilla, cuando alguien hace algún acto de bondad contigo,
en lugar de devolverle el gesto a esa persona, haces algo
bueno por otra persona. Cuando te den las gracias por el
buen gesto, tan solo les dices: «hazlo con otro».

Hay muchas maneras de ayudar a otros: actos sencillos
como ofrecerte para cuidar de los niños de tu amiga
durante un par de horas, llevar algunos dulces a un vecino
que acaba de llegar, o ayudar a algún compañero con un
proyecto de la escuela. Pídele al Señor que te muestre
cómo ser luz para otros al ser como Cristo en bondad y
fidelidad.

❏ ACTO DE BONDAD

Dale de comer a alguien que lo necesite.

Tener presente la bondad

Cuando nuestros padres estaban en Egipto,
no tomaron en cuenta tus maravillas;
no tuvieron presente tu bondad infinita
y se rebelaron junto al mar, el Mar Rojo.

SALMOS 106:7, NVI

Dios hizo algunos milagros asombrosos para los israelitas a fin de mostrarles su favor, misericordia y fidelidad. Como humanos, podemos olvidar fácilmente las cosas buenas que Dios no ha dado cuando estamos en medio de la agitación o del estrés.

Tal vez ahora mismo estás enfrentando algunas dificultades. Quizá estás lidiando con un colega en el trabajo, o te está resultando difícil pagar las facturas que se amontonan. En medio de estos tiempos, podemos vernos tentados a sentir que Dios se ha olvidado de nosotros. Quizá tenemos que poner el haz de luz en nosotros mismos y preguntarnos si se nos ha olvidado cuán bueno ha sido Dios siempre con nosotros. Ten presente las cosas buenas que Dios ha hecho por ti en este momento para que mires tus problemas con perspectiva.

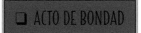

□ ACTO DE BONDAD

Envíale a algún colega un mensaje de agradecimiento.

Un tanto difícil

¡Haz que los justos me hieran!
¡Eso será bondad!
Si ellos me reprenden, eso es medicina.
No permitas que yo la rechace.
Pero yo estoy en constante oración contra
los malvados y sus hechos.

SALMOS 141:5, NBV

Amar puede ser difícil. Las relaciones entre personas no siempre están llenas de grandes emociones, risas y abrazos. A veces tenemos que decir la verdad a las personas que amamos, y a veces esa verdad puede ser difícil de recibir, incluso dolorosa. Cuando amas y confías en alguien de todo corazón, puedes esperar que te señalen algunas debilidades o te animen a actuar de una manera mejor.

Los buenos amigos, cónyuges y familiares saben cómo sacar la bondad en tu vida. Te afilarán e inspirarán a ser la mejor versión de ti mismo. En lugar de ver su consejo como crítica, intenta verlo como un acto de bondad, o como dice este salmo, como medicina. Su corrección es para tu bienestar, así que no lo rehúses.

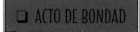

❑ ACTO DE BONDAD

Escríbele a alguien que te haya dado un buen consejo una nota de agradecimiento.

Alto y con orgullo

De la amorosa bondad de Dios hablaré.
Lo elogiaré por todo lo que ha hecho;
me regocijaré por su gran bondad para con Israel,
otorgada según su misericordia y amor.

ISAÍAS 63:7, NBV

Dios nos muestra su bondad de muchas formas. A veces su bondad es muy evidente, como cuando estás orando por provisión y eres bendecido directamente con un dinero extra. Quizá has estado orando por un trabajo y te acaban de ofrecer tu puesto soñado. Pero probablemente también puedas reconocer la bondad de Dios en cosas más pequeñas, ¡y a menudo esas cosas suceden muchas veces al día!

Lo maravilloso de las realidades más pequeñas de bondad es que Dios usa a otros para extender el amor, demostrando su amor de una forma muy real. La próxima vez que recibas bondad directamente de Dios o indirectamente a través de otros, pon empeño en alabarle por su compasión. Dilo en voz alta, dale gracias, y comparte con orgullo su cuidado de ti.

❏ ACTO DE BONDAD

Escribe un comentario positivo en las redes sociales.

La misión

Al día siguiente hicimos escala en Sidón; y Julio, con mucha amabilidad, le permitió a Pablo visitar a sus amigos para que lo atendieran.

HECHOS 27:3, NVI

En tu vida cotidiana, puede que seas incapaz de ver la misión para la que Dios te está capacitando a fin de que seas parte. Como creyente en Jesús, participas en su plan para la redención de la tierra. Si dejas que esto profundice en ti, quizá seas capaz de ver que los platos que acabas de lavar, la llamada de teléfono que acabas de hacer a un amigo, o el proyecto del trabajo que acabas de terminar, es una parte del plan que Dios está realizando de llevar a Jesús a las vidas de las personas que te rodean.

En este versículo, Julio, mostrándole bondad a Pablo, probablemente no se dio cuenta de que estaba ayudando a uno de los misioneros más grandes conocidos. Es un héroe no reconocido, y quizá tú también seas otro. Anímate sabiendo que cada acto de bondad es parte de la misión de Dios a través de ti.

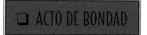

❏ ACTO DE BONDAD

Prepara una cena para alguien.

Dolores crecientes

Dios es muy bueno, y tiene mucha paciencia,
y soporta todo lo malo que ustedes hacen.
Pero no vayan a pensar que lo que hacen
no tiene importancia. Dios los trata con bondad,
para que se arrepientan de su maldad.

ROMANOS 2:4, TLA

Cuando les pedimos a los niños que se pongan un abrigo para salir a la calle o que esperen la luz verde antes de cruzar la calle, ellos no siempre entienden el motivo de esas cosas. Eso puede llevarlos a la queja y la frustración, pero un guardián mantendrá las reglas porque sabe que está impidiendo que los niños sufran algún daño.

Quizá has pasado por algo en tu propia vida que te confronta, tal vez enfrentar un hábito que quieres eliminar, albergar una relación tóxica, o simplemente ir arrastras a tu trabajo. En lugar de ver tu experiencia como injusta, considérala una oportunidad para experimentar el favor de Dios. Tal vez Él simplemente esté usando ese dolor o aburrimiento como una oportunidad para que crezcas y cambies. Esta es su bondad. Anima a alguien hoy demostrándole que puedes enfrentar tus batallas con un sentimiento de propósito.

❏ ACTO DE BONDAD

Elogia a la primera persona con la que hables.

Consoladores

Bendito sea el Dios y Padre de nuestro Señor Jesucristo,
Padre de misericordias y Dios de toda consolación,
el cual nos consuela en todas nuestras tribulaciones, para
que también nosotros podamos consolar a los que están
en cualquier aflicción, dándoles el consuelo
con que nosotros mismos somos consolados por Dios.

2 CORINTIOS 1:3-4, NBLA

En una fría mañana de invierno, es muy agradable poder
acurrucarte bajo una manta calentita o ponerte unas zapatillas
cómodas para andar por la casa. Nos conforta el sentimiento
de que las cosas sean suaves y calentitas. Del mismo modo,
nuestras palabras confortan a los que están heridos o se
sienten desanimados. Podemos usar palabras cálidas y
amables para calmar a alguien que esté estresado o ansioso,
o tal vez a alguien que se acaba de hacer daño a sí mismo.

Nuestro Padre celestial es un Dios de consuelo, alguien que
siempre estará ahí para ayudarnos en nuestras dificultades.
Míralo a Él para escuchar esas palabras cálidas y amables
que estás buscando, y sé alguien que pueda transmitir esa
seguridad a aquellas personas que más la necesiten.

❏ ACTO DE BONDAD

Dona peluches nuevos a un hospital local.

No retengas

> Nunca les hemos negado nuestro afecto,
> pero ustedes sí nos niegan el suyo.
>
> 2 Corintios 6:12, nvi

Puede resultar doloroso, como experimentó Pablo con sus amigos corintios, sentir como si toda tu generosidad hacia alguien no es correspondida. Abrirles a otros nuestro corazón y nuestras manos es un acto de vulnerabilidad, pero sabemos que eso es lo que Cristo nos demostró.

Jesús supo lo que es ser traicionado cuando lo único que Él dio fue amor. Si te sientes usado o falto de aprecio por la bondad que le has demostrado a alguien, recuerda que Cristo es tu fuente de ánimo y Él está muy orgulloso de ti. No retengas tu afecto aunque no te correspondan con nada.

❏ ACTO DE BONDAD

Compra algún detalle pequeño a alguien que demuestre que sabes lo que le gusta.

Bondad santa

En cambio, la clase de fruto que el Espíritu Santo
produce en nuestra vida es: amor, alegría, paz,
paciencia, gentileza, bondad, fidelidad,
humildad y control propio.
¡No existen leyes contra esas cosas!

GÁLATAS 5:22-23, NTV

Hay bondad tanto en los creyentes como en los incrédulos
igualmente. Las personas son capaces de amar y cuidar
de otros aún sin conocer a Cristo. Sin embargo, como
creyente, tú tienes otra fuente para sostener tu amor, gozo
y paz. Tienes un pozo eterno de fortaleza para la paciencia,
gentileza y bondad. Tienes un ejemplo vivo de fidelidad,
humildad, y control propio.

Confía en el Espíritu Santo hoy, y continúa produciendo el
tipo de fruto que solo viene de Cristo desde adentro.

❑ ACTO DE BONDAD

Llévale un café a alguien en el trabajo.

No procede de ustedes

Porque por gracia ustedes han sido salvados
por medio de la fe, y esto no procede de ustedes,
sino que es don de Dios.

Efesios 2:8, nbla

Tendemos a esperar mucho de nosotros mismos. Hay muchas cosas en nuestra lista de quehaceres. La casa necesita un mantenimiento constante, hay que cocinar cada día, hay que reorganizar la economía, ¡y no digamos nada de nuestros trabajos del día! Trabajamos para conseguir resultados, y esto se puede convertir en parte de nuestra cosmovisión cuando se trata de nuestra fe.

Toma un tiempo para leer este versículo una y otra vez. No tiene que ver con nada de lo que tú puedas hacer, o intentar hacer, para ganarte tu salvación. Eres amado y perdonado simplemente porque crees. Date permiso a ti mismo para experimentar la libertad de esa verdad, y comparte el mismo tipo de gracia con otros. No esperes cosas de las personas, ¡sino da alegremente!

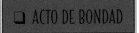

❏ ACTO DE BONDAD

Ayuda a recoger el cuarto de alguien.

Revestido de compasión

Por lo tanto, como escogidos de Dios, santos y amados, revístanse de afecto entrañable y de bondad, humildad, amabilidad y paciencia.

COLOSENSES 3:12, NVI

Vestirte en las mañanas puede costarte algún esfuerzo. A veces no queremos salir de nuestro cómodo pijama, no encontramos qué prenda ponernos, o no nos gusta cómo nos queda la ropa.

Puede pasarnos lo mismo con la compasión y otras cualidades amorosas. Cuesta esfuerzo, consideración, y a veces sentirte incómodo al ponerte el tipo de amor semejante al de Cristo que el mundo necesita tan desesperadamente. Una oración o lectura de la Palabra con rapidez podría ser el ánimo que necesites para vestirte de compasión para el día. Lo sientas o no, te queda muy bien.

☐ ACTO DE BONDAD

Envía un mensaje a alguien cercano con tres cosas que admires de esa persona.

Senderos de paz

Sus caminos son placenteros
y en sus senderos hay paz.

PROVERBIOS 3:17, NVI

Este mundo necesita personas de paz. Es un soplo de aire fresco cuando estás en una situación difícil y alguien hace el esfuerzo de calmar la situación con un tono tranquilo y palabras comedidas.

Jesús fue una persona de paz. En un esfuerzo por transmitir el regalo de la paz a otros, quizá tengamos que dejar de lado algunos de nuestros derechos o privilegios para convertir una situación amarga en algo dulce. El Espíritu Santo es tu ayudador en esos momentos, así que confía en Él para guiar tus palabras, pensamientos y acciones hacia un resultado más agradable.

❑ ACTO DE BONDAD

Dile a alguien que es hermoso.

490 veces

> Entonces acercándose Pedro, preguntó a Jesús:
> «Señor, ¿cuántas veces pecará mi hermano contra
> mí que yo haya de perdonarlo? ¿Hasta siete veces?».
> Jesús le contestó: «No te digo hasta siete veces, sino
> hasta setenta veces siete».
>
> MATEO 18:21-22, NBLA

Si te gustan los cálculos numéricos y tomarte las cosas de forma literal, entonces habrás descubierto que la respuesta a la pregunta de Pedro es 490. Sin embargo, eso no es lo que Jesús contestó a dicha pregunta.

Como seres humanos, sentimos que podemos ser misericordiosos, pero no queremos llegar al punto en el que abusen de nuestra misericordia. Pensamos que tenemos que poner límites a nuestra generosidad hacia otros. La respuesta de Jesús nos indica que no hay límites para el perdón, y es fácil ver por qué. La misericordia de Dios hacia nosotros, y hacia otros, es ilimitada, y nuestra misericordia debería ser igual. Prepárate para perdonar, ¡una, y otra, y otra vez más!

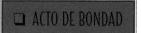

☐ **ACTO DE BONDAD**

Invita a tu casa a algún amigo.

A la luz

Te rescataré del pueblo judío y de los gentiles,
a los cuales Yo te envío, para que les abras sus ojos
a fin de que se conviertan de las tinieblas a la luz, y del
dominio de Satanás a Dios, para que reciban, por la fe
en Mí, el perdón de pecados y herencia entre los que
han sido santificados.

HECHOS 26:17-18, NBLA

Nuestra bondad por otros puede ir más allá de un simple acto. Anhelar que las personas acudan a Cristo significa que tienes que ser capaz de ver más allá de la apariencia de una persona. Hay personas de todos los tipos; ¡algunas son fáciles de querer y otras no tan fáciles!

Pídele a Dios que te dé sus ojos para poder ver con ellos a las personas para que, cuando te encuentres con ellas, sientan que son aceptadas y amadas. Pasar tiempo con la gente sin tener una actitud crítica puede ser justo lo que las personas necesitan para sentirse atraídas al amor de Cristo. De esta forma, tu bondad al aceptarlas tal como son les sacará de las tinieblas para llevarles a la luz

❏ ACTO DE BONDAD

Escribe un mensaje a alguien que diga: «Pensando en ti».

Cuando nadie ayuda

En mi primera defensa ante las autoridades,
nadie me ayudó; todos me abandonaron.
Espero que Dios no se lo tome en cuenta.

2 Timoteo 4:16, dhh

Hay veces en las que puedes llegar a sentirte muy solo en tus problemas y batallas. Tal vez este versículo se identifica con lo que has sentido recientemente. Quizá has estado involucrado en una disputa familiar o has enfrentado tú solo un problema de salud. Tal vez tan solo necesitabas a alguien que te llevara en el automóvil a algún sitio, ¡pero nadie se ofreció!

Hay veces en nuestra vida en las que no nos hemos sentido apoyados. Como nos anima a hacer este versículo, perdona a esas personas en tu vida que no aparecieron o hablaron por ti cuando debían haberlo hecho. Y, a cambio, recuerda ser la persona que aparece o habla a favor de otros cuando más lo necesitan. Muestra bondad estando ahí y no abandonando.

☐ ACTO DE BONDAD

Invita a alguien a almorzar.

Pecados ocultos

¿Quién puede discernir sus propios errores?
Absuélveme de los que me son ocultos.

SALMOS 19:12, NBLA

¿Alguna vez has tenido una discusión con alguien y te pareció que había durado semanas, meses, o incluso años? Este tipo de tensión puede existir en las relaciones porque no siempre vemos las cosas desde la perspectiva del otro. Tal vez decimos que lo hemos intentado, pero ¿has intentado ponerte en su lugar con un corazón compasivo y misericordioso?

Como dice este versículo, quizá solo necesitas considerar que, por múltiples razones, las personas no ven sus propios errores. Y quizá tú tampoco estás viendo los tuyos. Acepta la responsabilidad de lo que puedes controlar, que es examinar tu corazón en busca de pecados ocultos. Cuando comienzas a mirarte a ti mismo en lugar de echar la culpa a otros, puedes empezar a ver cómo resolver el asunto.

❏ ACTO DE BONDAD

Sal con un amigo a desayunar.

Atiende y actúa

¡Oh Señor, escucha! ¡Señor, perdona!
¡Señor, atiende y actúa!
¡No tardes, por amor de Ti mismo, Dios mío!
Porque Tu nombre se invoca sobre
Tu ciudad y sobre Tu pueblo.

DANIEL 9:19, NBLA

¿Alguna vez apareciste en una fiesta o reunión antes de darte cuenta de que no era a esa hora o incluso ese día? Quizá sacaste la cena del horno y te diste cuenta que no tenías bien la receta y le faltó un ingrediente crucial. Hay veces en las que no nos damos cuenta de las instrucciones correctas, y suponemos cosas o actuamos sin conocimiento.

Este ruego para que Dios atienda y actúe debería ser un ruego para recordarnos a nosotros mismos. La próxima vez que sientas que deberías estar diciendo o haciendo algo por otra persona, atiende a lo que el Espíritu Santo puede estar diciéndote y actúa.

☐ ACTO DE BONDAD

Llénale el depósito de gasolina a algún integrante de tu familia.

Pequeñas peticiones

En mi visión las langostas se comieron
todo lo verde que se veía.
Entonces dije: —Oh Señor Soberano,
por favor, perdónanos o no sobreviviremos,
porque Israel es tan pequeño.

Amós 7:2, NTV

El mundo puede llegar a ser un lugar muy infeliz, y solo tienes que mirar unos minutos de noticias para ver países en guerra, personas abusando de su poder, o resultados desiguales para personas vulnerables.

Está bien pedir a gritos justicia y usar tu voz para defender a los que han sido marginados. No queremos que las personas que ya están en desventaja sean devoradas. Ruega al Señor por los que quizá no sean capaces de hacer una oración por ellos mismos.

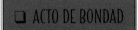

☐ ACTO DE BONDAD

*Lleva algunos alimentos no perecederos
a tu banco de alimentos local.*

Compasión

Así que, por el contrario, ustedes más bien debieran
perdonarlo y consolarlo, no sea que en alguna manera
este sea abrumado por tanta tristeza.
Por lo cual les ruego que reafirmen su amor hacia él.

2 Corintios 2:7-8, nbla

A veces, la desgracia de una persona llega por su propio
pecado u ofensa. Tal vez sepas de alguien que ha perdido
mucho dinero al ser deshonesto o poco sabio con su gasto.
Quizá alguien tiene una relación rota porque no ha sido fiel
o ha sido antipático.

No deberíamos desear que dichas personas se entristezcan
o se sientan derrotadas. Justo cuando parece que todo
el mundo está en su contra, tú podrías estar ahí para
ofrecerle compasión y mostrarle la gracia que Cristo te
ha mostrado a ti. ¡No dejes que esa persona se rinda por
completo!

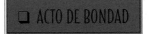

❏ ACTO DE BONDAD

Envía un mensaje de ánimo a tres personas.

Panal de miel

Panal de miel son las palabras agradables,
Dulces al alma y salud para los huesos.

PROVERBIOS 16:24, NBLA

Es muy fácil ver palabras desagradables en estos días. Fíjate en cualquier publicación de las redes sociales y revisa los comentarios, y encontrarás gran cantidad de lenguaje de odio y personas que pretenden hacer daño con sus palabras. En un mundo lleno de abuso verbal, podemos marcar la diferencia.

Usa tus palabras, ya sean escritas o habladas, para refrescar a otros y llevar luz a su mundo. Si te gusta el aspecto de alguien, ¡díselo! Si alguien se siente desanimado, encuentra un modo de ayudarle a sonreír. Si estás visitando a un amigo enfermo, ofrécete para orar por él. Hay muchas maneras en las que tus palabras pueden ser tan agradables como un panal de miel.

❑ ACTO DE BONDAD

Di «Te amo» a alguien que ames.

Iluminado

La exposición de tus palabras nos da luz,
y da entendimiento al sencillo.

SALMOS 119:130, NVI

Somos mucho más conscientes de nuestro entorno en estos tiempos. Entendemos nuestro papel a la hora de ayudar a reducir los desperdicios y no contaminar el aire. Es lo que podríamos llamar ser buenos administradores de la tierra que se nos ha dado. Hay otras maneras en las que podemos ser buenos administradores de los regalos que hemos recibido. La Palabra de Dios es uno de esos regalos.

Tenemos las preciosas Escrituras que nos dan luz con respecto al amor de Dios y cómo tratar a otras personas. Puedes ser un administrador de las palabras de Jesús. Estúdialas, vívelas, y compártelas con otros. Busca una manera de iluminar el camino de alguien hoy ayudándolo a entender una verdad sencilla. Deja que el Espíritu Santo te guíe.

❑ ACTO DE BONDAD

*Escribe un mensaje de ánimo y déjalo
en la puerta de la casa de alguien.*

Compartir de forma sencilla

Pues Cristo no me envió a bautizar sino a predicar la Buena Noticia, y no con palabras ingeniosas, por temor a que la cruz de Cristo perdiera su poder.

1 CORINTIOS 1:17, NTV

Compartir el evangelio no es tan fácil como parece. Tal vez quisieras que los que están a tu alrededor oigan las buenas noticias, y a la vez es difícil saber por dónde empezar. Si tienes amigos que no conocen a Dios, parece raro empezar a hablar de Cristo sin tener algo de contexto. Quizá te sea útil pensar en lo que significan para ti las buenas nuevas.

¿Son buenas nuevas porque sabes que hay un Dios que te ama y que quiere cuidar de ti? ¿Son buenas nuevas porque sabes que Cristo comenzó su obra de restauración y no se detendrá hasta que la termine? ¿Son buenas noticias simplemente porque sabes que hay más en la vida que lo que estás experimentando ahora? ¡Podría ser todo lo anterior! Si puedes poner palabras sencillas a las buenas noticias, podrías ser capaz de compartirlas.

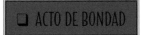

❏ ACTO DE BONDAD

Invita a un vecino a cenar en tu casa.

Todo es bueno

Porque todo lo creado por Dios es bueno
y nada se debe rechazar si se recibe
con acción de gracias.

1 TIMOTEO 4:4, NBLA

Tendemos a filtrar las cosas con el ojo como algo que está bien o está mal. Tenemos tendencia a mirar a alguien y, por su aspecto o conducta, poder llegar a la conclusión de que es malo. No es así como Jesús mira al mundo.

Dios creó un mundo bueno: una tierra buena con buenas personas. La próxima vez que te veas tentado a menospreciar a alguien, intenta mirarlo con la perspectiva de Cristo. No lo rechaces; en lugar de eso, entiende que esa persona es buena pero está quebrada. No significa que tengas que aceptar sus malas conductas, sino tan solo que veas su verdadero valor como alguien a quien Dios ama.

❏ ACTO DE BONDAD

Agradécele a tu jefe.

Febrero

No debemos cansarnos de hacer el bien.
Si no nos rendimos, tendremos una buena
cosecha en el momento apropiado.

GÁLATAS 6:9, PDT

Sufriendo pero salvos

En efecto, si trabajamos arduamente y sufrimos mucho
es porque hemos puesto nuestra esperanza en el Dios
viviente, que es el salvador de todos,
particularmente de los que creen.

1 TIMOTEO 4:10, NBV

El mundo en el que vivimos puede cambiar con mucha
rapidez de un día para otro. Tal vez hemos disfrutado de
nuestro trabajo cierto día, y al día siguiente quizá nos
digan que podríamos perderlo. Puede que hayamos tenido
libertad para ir a un concierto cierta semana, y a la siguiente
golpea una pandemia y no podemos ir a ninguna parte. La
vida es inquietante si esperamos que se mantenga igual. ¡A
menudo se suele decir que lo único seguro es el cambio!

Si estás sufriendo esta semana por circunstancias
personales que no esperabas, o porque estás desesperado
por el mundo que te rodea debido a que ha entrado en
caos, recuerda que confiamos en un Dios vivo. Él sabe
todo, y se nos ha manifestado para que tengamos la
esperanza de ser salvos de la desesperación terrenal.
Comparte la esperanza de salvación con los que te rodean.

❏ ACTO DE BONDAD

*Escribe un versículo de ánimo y déjalo en el buzón de
correo de alguien.*

Cautivos de la esperanza

Vuelvan a la fortaleza, oh cautivos de la esperanza;
Hoy mismo anuncio que te restituiré el doble.

ZACARÍAS 9:12, NBLA

Tal vez sientes que estás en alguna especie de prisión
metafórica en este instante. Quizá estás atascado en
casa, con demasiadas personas que confían en ti, con
demasiadas fechas tope en el trabajo, o con una tarea
que no puedes terminar. El sentimiento de estar atascado
llega de muchas maneras. Sin embargo, ¿qué significa ser
alguien cautivo de la esperanza?

A veces, la razón por la que estamos tan abatidos al estar
atascados es porque sabemos que hay una libertad que
experimentar. Date permiso a ti mismo para soñar con esa
libertad, y aférrate a la promesa de que Dios restaurará
las cosas que te faltan en este momento. Deja que tu
esperanza se vuelva contagiosa para que otros también
puedan experimentar una actitud optimista.

❏ ACTO DE BONDAD

Sonríele a alguien que no conozcas.

Altas aspiraciones

Le pido a Dios que el amor de ustedes desborde cada vez más y que sigan creciendo en conocimiento y entendimiento. Quiero que entiendan lo que realmente importa, a fin de que lleven una vida pura e intachable hasta el día que Cristo vuelva.

FILIPENSES 1:9-10, NTV

Estas palabras pueden parecerte totalmente inalcanzables mientras las lees. A fin de cuentas, ¿cómo puedes ser puro e intachable cuando sabes que de una manera u otra probablemente hoy meterás la pata en algo?

En lugar de preocuparte por encajar en la descripción de lo que significa ser intachable, recuerda que Cristo te alivió de esa carga. Él ya te ha declarado digno de estar en la familia. Él ha declarado a todos como libres del pecado. Vive en esta realidad y deja que tu libertad del pecado te guíe para tomar decisiones que estén llenas de bondad para con otros.

□ ACTO DE BONDAD

Prepárale el desayuno a alguien.

Valor

Tengo la plena seguridad y la esperanza de que jamás
seré avergonzado, sino que seguiré actuando con
valor por Cristo, como lo he hecho en el pasado.
Y confío en que mi vida dará honor a Cristo,
sea que yo viva o muera.

FILIPENSES 1:20, NTV

El mejor tipo de inspiración viene de quienes están en
medio del sufrimiento y son capaces de continuar con
esperanza y valor. Probablemente pienses en alguien en
tu vida que atravesó algo trágico y, aun así, pudo seguir
peleando. A veces, estas personas son más optimistas que
otras a su alrededor que no están sufriendo.

Quizá tú mismo seas uno de esos valientes guerreros que
pueden hablar como Pablo lo hace aquí. Seamos inspirados
por los hombres y las mujeres de fe que caminaron con valor
por el camino antes que nosotros, y sigamos mostrando la
grandeza de Cristo en nuestra vida aquí en la tierra.

❑ ACTO DE BONDAD

*Haz una transferencia de una pequeña cantidad de dinero
a un amigo solo porque es fantástico.*

Propósito compartido

Por tanto, si hay algún estímulo en Cristo, si hay algún consuelo de amor, si hay alguna comunión del Espíritu, si algún afecto y compasión, hagan completo mi gozo, siendo del mismo sentir, conservando el mismo amor, unidos en espíritu, dedicados a un mismo propósito.

FILIPENSES 2:1-2, NBLA

Muchas manos hacen que el trabajo sea más ligero. E incluso más que eso, muchas manos con un propósito compartido hacen incluso una obra mayor. No estás solo al intentar llevar el amor de Cristo al mundo. Hay muchos seguidores de Cristo en todo el mundo, y muchos que vivieron generaciones antes que tú para preparar el camino.

La bondad y la misericordia son un propósito compartido para todos los creyentes que quieren ver el reino de Dios descender a la tierra. Sé fortalecido reconociendo el propósito que compartes con otros, y usa esa fortaleza para hacer algo grande hoy.

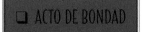

☐ ACTO DE BONDAD

Manda un mensaje a tres amigos que diga: «Buenos días».

El propósito de Dios

Así que, mis queridos hermanos, como han
obedecido siempre —no solo en mi presencia,
sino mucho más ahora en mi ausencia—
lleven a cabo su salvación con temor y temblor,
pues Dios es quien produce en ustedes tanto el querer
como el hacer para que se cumpla su buena voluntad.

FILIPENSES 2:12-13, NVI

Un corazón compasivo no siempre surge de modo natural.
Algunos días tal vez nos sentimos particularmente
generosos o bondadosos, pero otras veces estamos
enfocados en nosotros mismos y sentimos que no tenemos
la capacidad de ser generosos.

En estos momentos, anímate con la verdad de este
versículo: ¡es Dios quien obra en ti! No tienes que fingir las
emociones correctas o tener energía para compartir amor.
Arréglalo con el Señor, dile cómo te sientes, y deja que Él
te ayude a cumplir su buen propósito.

❑ ACTO DE BONDAD

*Además de la propina, deja también
un elogio a algún camarero.*

Interesante

Pues todos los demás buscan sus propios intereses
y no los de Jesucristo.

FILIPENSES 2:21, NVI

No es una sorpresa que incluso el apóstol Pablo supiera
que todas las personas por lo general miramos por
nosotros mismos. Esto no es algo de lo que avergonzarse;
más bien, es algo de lo que ser consciente. Cuando estás
considerando si aceptar o no una invitación a una reunión,
dar una cantidad extra para las misiones, o ir la milla extra
y ofrecerte como voluntario en la iglesia, detente por un
momento y piensa en lo que más estás protegiendo.

¿Estás preocupado por perder el tiempo o algunos de los
ahorros que tanto te ha costado reunir? De nuevo, no está
mal pensar en ti mismo, pero intenta considerar tu interés y
si puedes servir a Jesús soltando algunas de esas cosas al
dárselas a otra persona.

❏ ACTO DE BONDAD

Límpiale la casa a alguien.

Dámelo

El que roba, no robe más, sino más bien que trabaje, haciendo con sus manos lo que es bueno, a fin de que tenga qué compartir con el que tiene necesidad.

EFESIOS 4:28, NBLA

Cuando los niños se pelean por un juguete, oímos estas palabras inevitablemente: «¡Dámelo!». No nos gusta cuando las personas toman algo que es nuestro. La propiedad es algo extraño, y realmente el reino de Dios no se trata de eso.

Jesús mismo dijo que no tenía un hogar en el que recostar su cabeza. No buscó conseguir cosas para Él mismo. Como nuestro ejemplo de amor incondicional, Jesús nos mostró un camino que está lejos de lo que es nuestra experiencia hoy. Intenta soltar tu propiedad de cosas para que tus manos estén dispuestas a dar a los necesitados.

❏ ACTO DE BONDAD

Dona una bolsa de ropa a una tienda de beneficencia.

Lágrimas reales

Los que siembran con lágrimas
cosecharán con alegría.

SALMOS 126:5, NBV

¿Cuándo fue la última vez que lloraste? Las lágrimas son una expresión externa de la emoción interna que sientes. Puede ser frustración lo que te lleva a llorar, o alivio al oír una buena noticia. Podría ser un corazón roto o empatizar con el sufrimiento de otra persona.

Cuando lloramos, nos permitimos sentir el dolor o incluso el gozo de las circunstancias. Es bueno ser real y genuino con respecto a lo que está ocurriendo. Si estás en un camino doloroso ahora mismo, o junto a alguien que está atravesando algo doloroso, aférrate a la promesa de este versículo de que esas lágrimas un día se convertirán en gritos de alegría.

❑ ACTO DE BONDAD

Regala un par de cajas de pañuelos de papel en la escuela de tu vecindario.

No desmayes

Así que no nos cansemos de hacer el bien,
porque si lo hacemos sin desmayar,
a su debido tiempo recogeremos la cosecha.

GÁLATAS 6:9, NBV

Tal vez no te des cuenta de todo el bien que haces cada día. Toma un tiempo para pensar en las cosas que haces por otras personas. Quizá tu casa está llena de personas dependientes de ti y cocinar, limpiar, y el mantenimiento general de la casa es parte de tu rutina. Podrías estar en un trabajo donde sirves a tus clientes todo el día. Quizá estás cuidando de una mascota paseándola cada día o llamando a un familiar anciano para asegurarte de que está bien.

Esas cosas son buenas y maravillosa, ¡así que no desmayes! Dios ve todo lo que haces, y el mundo es un lugar mejor gracias a tu contribución. Un día, recogerás la cosecha.

❏ ACTO DE BONDAD

Lleva a su sitio el carrito de la compra de otra persona.

Restauración

Hermanos, si descubren que alguno ha pecado, ustedes, que son espirituales, deben ayudarlo a volver al buen camino con actitud humilde. Pero cada uno debe cuidarse, porque también puede ser puesto a prueba.

GÁLATAS 6:1, NBV

Hay varios tipos de personas en un juicio. Están los fiscales, los abogados defensores, los testigos, los funcionarios, el jurado, y finalmente el juez. Todos tienen un trabajo que realizar, pero el juez es finalmente quien tiene la última palabra.

Amigos, Jesús no nos exige que seamos los jueces en ninguna circunstancia. Dios se reserva ese derecho. Cuando te veas ante malas acciones de otras personas, en lugar de pronunciar un juicio sobre sus acciones o actitudes, ponte a su lado en amor y bondad e intenta llevarlos a la restauración. No caigas en la tentación de unirte a ellos en sus problemas; sé la persona que les ayuda humildemente a dar la vuelta.

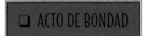

❏ ACTO DE BONDAD

Envía un mensaje de ánimo por correo electrónico a todas tus amistades.

Edificados juntos

Juntos constituimos su casa, la cual está edificada sobre
el fundamento de los apóstoles y los profetas.
Y la piedra principal es Cristo Jesús mismo.

EFESIOS 2:20, NTV

Aunque cada casa se ve un poco distinta, todas ellas tienen
un fundamento o cimientos. Como creyente, tú tienes el
mismo fundamento de fe que los demás cristianos. Esto
es algo importante a recordar cuando enfrentes distintos
puntos de vista y debates existentes en cuanto a distintas
doctrinas y prácticas. No es bueno para el mundo cuando
los cristianos comienzan a pelearse entre ellos.

Si te encuentras en batallas con otros creyentes, da un
paso atrás y recuérdate lo que tienes en común con ellos.
Recuerda las enseñanzas de las Escrituras, y recuerda
que Jesús es la lente que debes aplicar a todos tus
pensamientos. Esfuérzate al máximo por unirte con tus
hermanos y hermanas en la fe.

❑ ACTO DE BONDAD

Haz una donación a tu iglesia.

Amor sin medida

...ustedes sean capaces de comprender con todos los santos cuál es la anchura, la longitud, la altura y la profundidad, y de conocer el amor de Cristo que sobrepasa el conocimiento, para que sean llenos hasta la medida de toda la plenitud de Dios.

EFESIOS 3:18-19, NBLA

Puede que sea difícil comprender lo inmensurable, pero podemos hacernos una idea por la naturaleza. Podemos ver el cielo y el océano; sin embargo, no conocemos sus límites. Contemplamos las estrellas y a la vez no podemos contarlas. Esta es la manera en que esperamos comprender el amor que viene de Cristo. Es algo que se puede ver, oír, y sentir. Y, a la vez, es infinito.

Tómate un tiempo para empaparte de ese pensamiento. Llena tu mente y tu corazón con la maravilla de esta comprensión, y úsalo para que les salpique también a otros.

❏ ACTO DE BONDAD

Llévales una comida a unos padres primerizos.

Ama, ama, ama

Nosotros amamos porque Él nos amó primero.

1 Juan 4:19, nbla

Es un círculo maravilloso que es difícil de romper. Amas a Dios, Él vive en ti, lo amas más, Él vive más en ti. Amamos porque Él está en nosotros, y Él está en nosotros porque lo amamos. Eres amado de forma perfecta por un Dios perfecto.

En nuestras relaciones unos con otros, sin embargo, no siempre nos amamos bien. Mostramos amor cuando nos sentimos amados, pero si no sentimos que nos respetan o nos cuidan, no hacemos nada a cambio. Esa es una forma de amor condicional, pero somos llamados a ser como Cristo. ¿Quién necesita experimentar tu amor incondicional hoy? Podría ser tu hijo, tu cónyuge, tu padre, o tu amigo. Muestra a Jesús a los que están más cerca de tu corazón.

❏ ACTO DE BONDAD

Demuéstrale a alguien que lo amas ofreciéndote a hacer con esa persona lo que más le guste.

Amigable

Por tanto, dejando a un lado la falsedad,
hablen verdad cada cual con su prójimo,
porque somos miembros los unos de los otros.

EFESIOS 4:25, NBLA

¿Cómo son tus vecinos? Con suerte, tienes unos vecinos bastante afectuosos, de los que son considerados y amigables. Por desgracia, no siempre sucede así con el vecino que tienes al lado. Tal vez tienes a una persona anciana gruñona, jóvenes ruidosos, o quizá vives puerta con puerta con una entrometida reina del chisme.

Intentar ser como Cristo significa tener que tratar de ver a cualquier persona, al margen de quien sea, como la ve Jesús. La próxima vez que tengas una interacción con tu vecino, recuerda que la verdad siempre vencerá, especialmente la verdad dicha con amor.

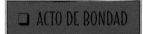

❏ ACTO DE BONDAD

Sal a tirar la basura de tu vecino.

Para la ocasión

No salga de la boca de ustedes ninguna palabra mala,
sino solo la que sea buena para edificación,
según la necesidad del momento, para que imparta
gracia a los que escuchan.

EFESIOS 4:29, NBLA

¿Cuál fue la última ocasión para la que te tuviste que vestir bien? ¿Fue una conferencia, una boda, una fiesta de disfraces, o un evento deportivo? Diferentes ocasiones demandan diferentes estilos de ropa, conductas, e incluso conversaciones. Sería extraño hablar formalmente si estás en un gran evento deportivo, o ir a una boda vestido con botas de lluvia. Las palabras bien sazonadas requieren consideración.

La próxima vez que estés a punto de ir a algún lugar, toma un momento para pensar a dónde vas y el estilo y los tipos de ánimo que podrías dar en ese entorno.

❑ ACTO DE BONDAD

Elogia a un compañero.

Imitador

Sean, pues, imitadores de Dios como hijos amados;
y anden en amor, así como también Cristo les amó
y se dio a sí mismo por nosotros, ofrenda
y sacrificio a Dios, como fragante aroma.

EFESIOS 5:1-2, NBLA

¿Recuerdas cuando eras joven cuánto te irritaba cuando tu hermano o tu amigo comenzaba a copiar todo lo que decías o hacías? Nuestra cultura nos dice que seamos únicos y que hablemos nuestra propia verdad; aceptamos la idea de ser un individuo y hacer cosas a nuestra manera. Sin embargo, las Escrituras dicen prácticamente lo contrario. Dicen que tenemos que ser imitadores de Dios. ¿Cómo? Andando en amor como lo hizo Cristo. Sería imposible hacer y decir todo lo que hizo Jesús, pero podemos intentarlo.

Al igual que esos tiempos cuando eras niño e imitabas a alguien, dedica un tiempo a leer y memorizar las palabras y acciones de Cristo, para que seas ese tipo de persona para alguien que lo necesite.

❏ ACTO DE BONDAD

No tomes represalias cuando alguien te irrite.

Padres

Honra a tu padre y a tu madre (que es el primer
mandamiento con promesa) para que te vaya bien,
y para que tengas larga vida sobre la tierra.

EFESIOS 6:2-3, NBLA

Con suerte, tuviste unos padres maravillosos, y con suerte
aún siguen contigo en esta tierra. Pero incluso los padres
maravillosos cometen errores, y a veces no es fácil llevarse
bien con ellos si aún están vivos. Sigue siendo la tarea de
cada hijo honrar a sus padres, se lo merezcan o no. Eso
podría significar apartar un tiempo para llamarlos a fin de
comprobar cómo están. Tal vez tengas que invitarlos a cenar
o llevar a tus hijos a que los visiten para alegrarles el día.

Si tus padres ya no están contigo, haz una oración de
agradecimiento por lo que ellos representaron para ti. Si
te resulta difícil perdonarlos, pídele ayuda a Jesús para
continuar en ese viaje misericordioso pero a la vez difícil de
la aceptación.

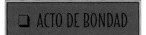

❑ ACTO DE BONDAD

*Llama a tu papá, o a alguna figura paternal en tu vida,
y dile lo que te gusta de él.*

Afila las hojas

Si se usa un hacha sin filo hay que hacer
doble esfuerzo, por lo tanto, afila la hoja.
Ahí está el valor de la sabiduría: ayuda a tener éxito.

ECLESIASTÉS 10:10, NTV

Cortar con unas tijeras que no están afiladas puede ser
una tarea frustrante; tal vez se desgarra la tela o se dobla
el papel, y no se consigue un corte limpio. Qué diferencia
cuando tienes unas tijeras afiladas que cortan limpiamente
con un mínimo esfuerzo.

Esta es la analogía de este versículo, ¡pero con un
hacha! Piensa en la sabiduría como en una hoja afilada.
Cuanto más aplicas la sabiduría, más fáciles resultan esas
decisiones y actitudes. A medida que mejoras en ser una
persona más misericordiosa y generosa, recuerda que
simplemente estás afilando las hojas y avanzando hacia un
éxito modelado por Jesús.

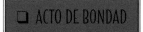

❏ ACTO DE BONDAD

Sal de compras con un amigo y cómprale algo.

Grandes robles

A todos los que se lamentan en Israel
les dará una corona de belleza en lugar de cenizas,
una gozosa bendición en lugar de luto,
una festiva alabanza en lugar de desesperación.
Ellos, en su justicia, serán como grandes robles
que el Señor ha plantado para su propia gloria.

ISAÍAS 61:3, NTV

El lamento puede ser algo profundamente personal, pero también puede ser por otros o llegar a sentir un lamento sincero por una nación. Quizá estás experimentando desesperación tú mismo, o conoces a alguien que está atravesando un tiempo especialmente difícil. Incluso podrías estar preocupado por los oprimidos en el mundo.

En tiempos de lamento, las personas pueden sentirse pequeñas y solas. Dios tiene un plan para todos los que se lamentan. Él los coronará de belleza y restaurará su alegría, y los hará fuertes como un roble. Permite que tu espíritu se anime con esta promesa hoy, y difunda esperanza a las personas con las que te estás lamentando.

❑ ACTO DE BONDAD

Siéntate junto a una persona anciana y deja que hable.

Suplir necesidades

El Señor es mi pastor,
Nada me faltará.

Salmos 23:1, nbla

Jesús es tu buen Pastor y te provee de todo lo que necesitas. ¿Recuerdas alguna vez en la que no estuvieras seguro de cómo ibas a suplir tus necesidades, pero de algún modo lo hiciste? Jesús tiene todo tipo de maneras de pastorearte en esos tiempos de necesidad, incluyendo guiar a otros a que te ayuden. Considera que Él también te usa a ti para que ayudes a otros en su tiempo de necesidad.

Tú eres parte de un viaje mayor que el tuyo propio, así que encuentra a alguien en necesidad y dale una razón para celebrar la provisión de su Pastor.

❏ ACTO DE BONDAD

Deja dinero en el escritorio de alguien en el trabajo o la escuela.

Guardar la calma

Y cada vez que el espíritu atormentador de parte de
Dios afligía a Saúl, David tocaba el arpa. Entonces Saúl
se sentía mejor, y el espíritu atormentador se iba.

1 Samuel 16:23, ntv

Saúl tenía algunos problemas serios de salud mental. Hoy
día podemos reconocer el temor, la ansiedad y el estrés
porque estamos más familiarizados y somos conscientes
de lo mal que puede llegar a estar nuestra mente. Cuando
experimentamos tiempos así, tenemos que permitir que
Dios nos ayude mediante cosas que sabemos que son
buenas para el alma. Podría ser un buen paseo al aire libre,
una charla con un consejero confiable, o escuchar música
igual que el rey Saúl.

Hoy quizá sea uno de esos días en los que necesitas
ayudar a alguien que esté enfrentando un tiempo de
depresión o ansiedad. Levántalo en oración y pídele al
Señor que lo lleve a un lugar de calma mediante algún tipo
de intervención para que vuelva a estar bien de salud.

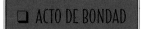

❏ ACTO DE BONDAD

Envía un mensaje a un amigo y pregúntale
cómo puedes orar por él.

Hecho para eso

Porque somos hechura Suya,
creados en Cristo Jesús para hacer buenas obras,
las cuales Dios preparó de antemano
para que anduviéramos en ellas.

EFESIOS 2:10, NBLA

No tenemos que hacer buenas obras, las vamos a hacer. Dios no nos ha forzado a que seamos distintos de cómo Él nos creó. ¿Qué cosas te producen gozo? ¿Tocas música, tiene buen sentido del humor, o sabes escuchar?

Usa las cosas que te resultan fáciles para bendecir a otros. Las buenas obras son trabajo, pero cuando comienzas a hacer lo que te gusta hacer, la recompensa no solo será para aquellos a los que ayudas, sino también para ti.

❑ ACTO DE BONDAD

Haz reír a alguien con un buen chiste.

Palabras desperdiciadas

No reprendas al insolente,
para que no te aborrezca;
Reprende al sabio, y te amará.

1 Timoteo 4:10, NBV

¡No desperdicies tus palabras! A las personas les gusta meterse en debates sobre todo tipo de cosas. Política, religión, educación, o deportes. Siempre encontrarás que los temas que más te apasionan se pueden discutir desde una perspectiva distinta.

Hay una fuente de verdad en las Escrituras, y esta verdad siempre resultará en sabiduría. Determina qué partes de una discusión son solo opiniones y qué cosas son realmente sabiduría. Cuando oigas o des sabiduría, el resultado será la bondad.

❑ ACTO DE BONDAD

Escucha la opinión de otra persona sin debatir.

Revertir el maltrato

> Pero ahora yo les digo: Amen a sus enemigos
> y oren por quienes los maltratan.
>
> MATEO 5:44, TLA

¿Te encuentras en una batalla con alguien ahora mismo? Podría ser una discusión verbal que hayas tenido, o quizá es algo más silencioso y tienes rencor contra alguien por algo que te ha hecho. Las personas se hieren unas a otras; es una triste realidad; sin embargo, tenemos poder sobre nuestras propias respuestas.

Podemos escoger el perdón, que es lo único que realmente puede hacernos libres de los sentimientos negativos contra otras personas. Intenta poner a esa persona en el centro de tus pensamientos hoy, y sé intencional en bendecirle. Ora por dicha persona, y si es una relación que tienes que arreglar, acércate y haz algo bueno por la otra persona.

❏ ACTO DE BONDAD

Ora por alguien que te haya hecho algún mal.

No hagas un *show*

> Cuando ores, no hagas como los hipócritas a quienes les encanta orar en público, en las esquinas de las calles y en las sinagogas donde todos pueden verlos. Les digo la verdad, no recibirán otra recompensa más que esa.

MATEO 6:5, NTV

Las oraciones están dirigidas a Dios, no a los demás. Quizá has oído a otros orar en un grupo o en un entorno de iglesia, y te parece que son muy buenos haciéndolo. Pero la oración no es una habilidad. Es una comunicación, un diálogo abierto con el Creador.

No importa cómo suenan las palabras a oídos de otras personas; lo importante es lo que realmente está diciendo tu corazón, y solo Dios conoce el corazón. Por lo tanto, no trates de hacer una exhibición de palabras; sencillamente habla con Dios, y comparte tus necesidades y las necesidades de otros con Él.

❏ ACTO DE BONDAD

Pregúntale a alguien cómo puedes orar hoy por él.

Tesoros abiertos

Jesús, mirándolo, lo amó y le dijo: «Una
cosa te falta: ve y vende cuanto tienes
y da a los pobres, y tendrás tesoro
en el cielo; entonces vienes y me sigues».

MARCOS 10:21, NBLA

Después de hacer todo lo que podía hacer bien según
la ley, al joven rico se le pidió hacer una cosa más, algo
sencillo: dar todo lo que tenía a los pobres. ¡Qué petición!
Podríamos señalar a este hombre y decir que era egoísta,
pero ¿y si Jesús te pidiera a ti hacer lo mismo? Es difícil de
asimilar, y nos hace replantearnos nuestras motivaciones y
considerar cuán generosos somos.

¿Hay espacio en tu corazón para ser más generoso? Poner
tus ojos en los tesoros celestiales te ayudará.

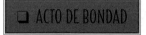

❏ ACTO DE BONDAD

Compra una tarjeta regalo a un adolescente.

Guardar silencio

El Señor tu Dios está en medio de ti,
Guerrero victorioso;
Se gozará en ti con alegría,
En Su amor guardará silencio,
Se regocijará por ti con cantos de júbilo.

Sofonías 3:17, nbla

¿Cuándo fue la última vez que apagaste todo y te sentaste en silencio? Hay muchas cosas que demandan nuestra atención: alerta de mensajes en el teléfono, pequeños pidiendo algo de comer, listas de quehaceres que te miran desde la pizarra blanca. Cuando encuentras una oportunidad para alejarte de todas las demandas, tal vez te sientes mucho más en paz y equilibrado con respecto a tu vida. Quizá incluso encuentres a Dios en ese espacio.

Si eres capaz de encontrar un tiempo de silencio, deja que este versículo tranquilice tu alma. Él se goza en ti, está contento contigo, y canta contigo. Deja que su amor acalle tu mente y tu corazón.

ACTO DE BONDAD

*Ve a dar un paseo con uno de tus padres
(o un amigo anciano a quien respetes)*

Marzo

Dios los ama mucho a ustedes, y los ha
elegido para que formen parte de su pueblo.
Por eso, vivan como se espera de ustedes:
amen a los demás, sean buenos,
humildes, amables y pacientes.

COLOSENSES 3:12, TLA

Recuerda el mandato

Y esfuércense por cumplir fielmente el mandamiento
y la ley que les ordenó Moisés, siervo del Señor:
amen al Señor su Dios, condúzcanse de acuerdo
con su voluntad, obedezcan sus mandamientos,
manténganse unidos firmemente a él y sírvanle
de todo corazón y con todo su ser.

Josué 22:5, NVI

Tal vez sientas que siempre estás trabajando para otra
persona. Si estás contratado, estás haciendo un trabajo para
una organización y hay expectativas de tus gerentes en
cuanto lo que deberías desempeñar. Si estás en la escuela,
buscas conseguir buenas calificaciones o terminar las tareas
que ha puesto el maestro. Aunque estés en la casa, hay
expectativas de los quehaceres diarios de la vida del hogar.

Cuando te detienes a pensarlo, puede que te sientas como un
sirviente de todo el mundo con poco tiempo para ti. Anímate
a ver tus tareas de otro modo hoy. Estás desempeñando
tu parte en este mundo, y lo estás haciendo lo mejor que
puedes. De esa forma estás sirviendo a Dios, quien te ama
y siempre es misericordioso. Dirige tu energía y tus mejores
esfuerzos hacia tu Creador. No te decepcionarás.

❏ ACTO DE BONDAD

*Escribe una nota de ánimo a alguien para quien trabajes
actualmente.*

Pequeñas chispas

Pero Tú, oh Señor, eres escudo en derredor mío,
Mi gloria, y el que levanta mi cabeza.

SALMOS 3:3, NBLA

En tiempos de incertidumbre, frustración o temor,
podemos sentirnos atrapados en una espiral descendente
de desesperación. En esos momentos necesitamos algo
que nos ayude a alzar nuestra cabeza y continuar a pesar
de nuestras emociones. Eso no significa que no reconozcas
cómo te sientes; tiene que ver con permitirte cobrar ánimo
con algo que te guste. Puede ser leer un libro, dar un paseo
al aire libre, o escuchar a un orador motivacional.

Del mismo modo, quizá alguien a quien tú conoces
necesite algo que anime su espíritu. Dedica un tiempo a
pensar en lo que le gusta a dicha persona y anímale de
alguna forma práctica.

❏ ACTO DE BONDAD

*Prepara una cajita de golosinas para alguien
que necesite un poco de ánimo.*

Cadenas de oración

Dios sabe cuántas veces los recuerdo en mis oraciones. Día y noche hago mención de ustedes y sus necesidades delante de Dios, a quien sirvo con todo mi corazón anunciando la Buena Noticia acerca de su Hijo.

ROMANOS 1:9, NTV

La oración es poderosa. Tal vez has oído decir eso a un predicador, o a un amigo al que le apasiona la oración; sin embargo, quizá tú no sientes que la oración es poderosa. Puede que te hayas decepcionado por las veces que has orado y aparentemente no ha pasado nada. La falta de resultados no quiere decir que la oración no sea poderosa.

La oración te acerca a Jesús porque comienzas a conversar con Él. Abre tu corazón y revela que lo necesitas. Te ayuda a pensar en otros en lugar de estar siempre enfocado en ti. Restaura tu confianza hoy orando por personas que conoces, y siente el poder de la oración cambiándote desde tu interior.

☐ ACTO DE BONDAD

Manda un mensaje a un amigo
y dile que estás orando por él.

Buena referencia

Y te pido a ti, mi fiel colaborador, que ayudes a esas dos mujeres, porque trabajaron mucho a mi lado para dar a conocer a otros la Buena Noticia. Trabajaron junto con Clemente y mis demás colaboradores, cuyos nombres están escritos en el libro de la vida.

FILIPENSES 4:3, NTV

¿Cuándo fue la última vez que aplicaste para un empleo o buscaste contratar a alguien para tu negocio? Parte de este proceso conlleva tener referencias: personas que puedan responder por las habilidades y la integridad de un aspirante. Decir algo malo de alguien es demasiado fácil. Cedemos a muchas formas de chismes, y nos gusta compartir nuestras opiniones negativas con otros que están de acuerdo con nosotros.

Necesitamos mejorar a la hora de difundir palabras buenas acerca de otros. La próxima vez que te pregunten por una persona, piensa en algo bueno que decir sobre ella. Deja que la bondad se difunda a través de las palabras que digas.

☐ ACTO DE BONDAD

Envía un correo electrónico de gratitud a un compañero de trabajo que se merezca un reconocimiento.

Pequeñitos

Pero Jesús, llamándolos a su lado, dijo:
«Dejen que los niños vengan a Mí, y no se lo impidan,
porque de los que son como estos
es el reino de Dios».

Lucas 18:16, NBLA

Los niños se creen casi todo lo que les digan, y aman de forma incondicional. Esta disposición de apertura es lo que nos gusta de los niños, y a la vez es también lo que les hace ser tan vulnerables. Por esa razón debemos poner todo nuestro empeño para protegerlos del daño y de las ofensas.

Dedica un tiempo a pensar en los niños que hay en tu vida, sean tuyos, estén en la familia, o quizá sea un grupo al que tú enseñas. Esos niños necesitan ánimo con palabras positivas y veraces. Sé amable y muéstrales el corazón de Jesús protegiéndolos.

❏ ACTO DE BONDAD

Anima a un niño.

Escucha atentamente

Hijo mío, presta atención a lo que te digo.
Escucha atentamente mis palabras.

PROVERBIOS 4:20, NTV

Cometemos muchos errores cuando suponemos algo que no está basado en la verdad. A veces tomamos decisiones por otras personas sin preguntarles qué quieren o sin escuchar su respuesta. Otras veces incluso compartimos información sobre personas que son más una opinión que un hecho. Después, hay ciertas ocasiones en las que realmente esperamos que Dios nos haya hablado sobre algo, pero realmente no dedicamos tiempo a buscarlo y escuchar.

Es importante considerar atentamente lo que la gente dice, pero es incluso más importante escuchar atentamente lo que Dios dice. Aparta las distracciones de este mundo y sé intencional en prestar atención a la verdad.

❑ **ACTO DE BONDAD**

Aparta tu teléfono celular cuando estés pasando tiempo con algún miembro de tu familia.

Señales de restauración

Entonces Dios dijo: «Les doy una señal de mi pacto con ustedes y con todas las criaturas vivientes, para todas las generaciones futuras. He puesto mi arco iris en las nubes. Esa es la señal de mi pacto con ustedes y con toda la tierra».

GÉNESIS 9:12-13, NTV

Ver un arcoíris en el cielo es siempre una delicia. Los colores son impactantes, creando un contraste con el sencillo cielo azul de fondo. El arcoíris es una señal de la promesa de Dios de no volver a destruir la tierra. Somos parte de esta promesa, y también parte del plan de Dios de restauración.

Asegúrate de cuidar de la tierra que te rodea para que pueda seguir deleitándonos con su belleza y nutriéndonos con su abundancia. Haz algo que demuestre que estás tan comprometido con esta tierra como lo está Jesús.

❏ ACTO DE BONDAD

Planta algo en tu jardín.

Los que sirven

Todo el que quiera servirme debe seguirme,
porque mis siervos tienen que estar donde yo estoy.
El Padre honrará a todo el que me sirva.

JUAN 12:26, NTV

El concepto de servir por lo general se asocia
negativamente con los trabajos forzosos; sin embargo,
servir no tiene nada que ver con que a uno le fuercen a
hacer algo. Servir a otros significa ayudar a otro a que
consiga lo que quiere o necesita. Servir puede ser tan
sencillo como llevarle una comida a una mamá que acaba
de dar a luz, ayudar a un amigo con sus tareas, o tocar
en el grupo de alabanza de la iglesia. Servir también
puede ser parte de tu trabajo si eres camarero, maestro,
enfermero o cajero.

Hoy podría ser el día en el que cambies tu perspectiva del
duro trabajo que haces. Dios está en todas partes, y quiere
revelarse a todos los que pueda. Síguelo y deja que obre a
través de ti. Sé un buen siervo, y dale gracias por aquellos
que te sirven.

☐ ACTO DE BONDAD

Déjale una buena propina a algún camarero.

Buena apariencia

Por ejemplo, supongamos que alguien llega a su reunión vestido con ropa elegante y joyas costosas y al mismo tiempo entra una persona pobre y con ropa sucia. Si ustedes le dan un trato preferencial a la persona rica y le dan un buen asiento, pero al pobre le dicen: «Tú puedes quedarte de pie allá o bien sentarte en el piso», ¿acaso esta discriminación no demuestra que sus juicios son guiados por malas intenciones?

SANTIAGO 2:2-4, NTV

Sabemos que se supone que no debemos juzgar un libro por su portada, y la sociedad ha avanzado mucho a la hora de definir la belleza como algo más que tan solo una delicadeza física. No obstante, por alguna razón, seguimos lidiando con nuestra idea de cómo se ve el éxito. Y, en gran medida, todavía pensamos que es sinónimo de una persona que viste de modo muy elegante.

No está mal vestirse apropiadamente o incluso vestirse muy bien para cierta ocasión, pero dedica algún tiempo a pensar en la frecuencia con la que juzgas a otros por la ropa que llevan. De igual manera, sabes lo que es sentir que no vas muy bien vestido. Haz el esfuerzo hoy de reconocer a alguien que quizá no se sienta muy bien por su apariencia, y anímalo.

☐ ACTO DE BONDAD

Elogia a alguien por algo que lleve puesto.

Eso me gustó

Mi boca hablará con sabiduría;
mi corazón se expresará con inteligencia.

SALMOS 49:3, NVI

Las redes sociales son nuestro lugar de reunión en estos días para eventos nuevos o actuales, tendencias de moda, recetas y fotos familiares. A veces vemos publicaciones que realmente nos molestan, y otras veces vemos publicaciones que nos conmueven el corazón, nos hacen pensar, o nos hacen de reír. Hay veces en las que otros han sido vulnerables al poner algo y buscan a alguien que los anime diciendo que les han escuchado.

Dios no odia estas herramientas de comunicación; tan solo no le gusta que se conviertan en ídolos en nuestra vida. En lugar de pasar el tiempo viendo publicaciones que te hacen sentir bien, decide interactuar con alguien que quizá necesite sentirse mejor consigo mismo.

❑ ACTO DE BONDAD

Responde a una publicación que te haya gustado.

Sé educado

En conclusión, sean todos de un mismo sentir,
compasivos, fraternales, misericordiosos,
y de espíritu humilde.

1 PEDRO 3:8, NBLA

Los gestos sencillos pueden significar mucho. Puedes ser exteriormente extravagante con tu generosidad, pero eso no es más importante que tener un corazón compasivo con los demás. La humildad de mente significa que no piensas que eres mejor que los demás. Significa que puedes empatizar con otros en sus dificultades. Podría significar que no reaccionas mal cuando alguien no entiende su tarea. Podría significar ser más un jugador de equipo en el trabajo. Podría ser tan solo ofrecer una sonrisa a un desconocido.

Ser educado no tiene que ver con la conducta; tiene que ver con expresar valor a otros.

❑ ACTO DE BONDAD

Mantén la puerta abierta para que alguien entre o salga.

Valores familiares

Quien no cuida de sus parientes,
y especialmente de su familia, no se porta
como un cristiano; es más, tal persona es peor
que quien nunca ha creído en Dios.

1 Timoteo 5:8, tla

Dar a una organización benéfica, ofrecerte como voluntario en la iglesia, y ayudar en una misión son formas muy importantes de expresar nuestra fe. Entonces, ¿por qué este versículo parece ser tan duro con no ayudar a nuestra propia familia? Dios creó la unidad familiar, y aunque el pecado tiene su modo de hacerlas disfuncionales, siguen siendo una parte importante de quienes somos. También son uno de los mejores ejemplos de amor incondicional.

Deberías valorar el vínculo que tienes con tu familia. Si estás lidiando con el perdón de un familiar, pídele a Cristo que te ayude. Una de las mejores maneras de poder arreglar una relación es diciendo algo amable o echando una mano. Te sorprenderías de ver cuán rápido puede cambiar una situación si das prioridad a la familia.

□ ACTO DE BONDAD

Haz un recado para algún miembro
de tu familia que esté ocupado.

Sonríe

Si yo les sonreía, no podían creerlo;
mi rostro sonriente los reanimaba.

JOB 29:24, NVI

Es bueno que nos recuerden que nuestro cuerpo está diseñado para dar expresión a lo que hay en nuestro corazón y nuestra mente. Nuestro rostro puede mostrar muchas emociones y dejar saber a la gente cómo nos sentimos sin tener que mediar palabra alguna. A veces, no somos conscientes de las expresiones que podemos mostrar. Tal vez estamos dando señales de disgusto o de ira incluso sin darnos cuenta.

Dicen que la primera impresión es muy importante, lo cual significa que las personas pueden leer si te caen bien o no en pocos minutos de interacción. A veces, incluso basta con unos segundos. Habrá ocasiones en las que te cruces con un desconocido, quizá un indigente, un niño o un padre en apuros. No dices nada, pero tienes una sonrisa que puede resultar de mucho ánimo. Al pensar en cuál es la expresión de tu cara con otros, recuerda que el rostro de Cristo siempre te está mirando para animarte. Imagínalo sonriéndote hoy.

❏ ACTO DE BONDAD

Sonríe a tres personas que no conozcas.

Maestros y predicadores

Hermanos míos, que no se hagan maestros muchos de ustedes, sabiendo que recibiremos un juicio más severo.

SANTIAGO 3:1, NBLA

Nadie rebatiría que los maestros tienen un trabajo muy difícil. Los maestros en las Escrituras eran los que enseñaban sobre la ley, pero es cierto que incluso los maestros educativos de nuestro tiempo tienen una enorme responsabilidad en sus manos.

Los maestros están dotados no solo en un tema sino también en el modo en que enseñan a nuestros jóvenes sobre la responsabilidad social. A menudo, los niños obtienen su confianza de ellos. Dedica un tiempo para meditar en las increíbles responsabilidades de los maestros y el entorno general de la escuela, y ora para que Dios los fortalezca y los levante.

❏ ACTO DE BONDAD

Regala algo de material escolar a la escuela de tu zona.

Correo

> Envió por delante mensajeros, que entraron en un pueblo samaritano para prepararle alojamiento.
>
> LUCAS 9:52, NVI

Es poco frecuente en estos tiempos recibir una carta de un amigo o un familiar por correo postal. La tecnología ha reemplazado gran parte de la necesidad de ese tipo de comunicación. Sin embargo, no hay nada que reemplace que te envíen un objeto físico, y hasta que los robots lleguen a hacer ese trabajo, confiamos en un equipo de conductores, carteros y administradores para que recibas las cosas que necesitas y quieras en tu puerta.

De modo similar, no hay nada que reemplace la presencia física de alguien. Puedes comunicarte con alguien mediante mensajes o las redes sociales, pero ¿cuándo fue la última vez que tuviste una conversación cara a cara con alguien? No te olvides de mantener el contacto con las personas... ¡literalmente!

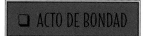

☐ ACTO DE BONDAD

Deja algún regalito en tu buzón para el cartero.

Humildemente agradecido

> «Esto sucederá cuando el Señor les dé carne para comer por la tarde, y pan hasta saciarse por la mañana; porque el Señor ha oído sus murmuraciones contra Él. Pues ¿qué somos nosotros? Sus murmuraciones no son contra nosotros, sino contra el Señor».
>
> Éxodo 16:8, nbla

La conducta de los israelitas casi parece cómica cuando uno lee todo lo que se quejaron. Desgraciadamente, si tuviéramos que leer un libro sobre nuestra vida, podríamos ver un patrón similar. Nuestra naturaleza humana tiende a quedarse en el lado negativo de las situaciones. Queremos quejarnos por ese jefe que es tan detallista, el amigo que siente que está demasiado necesitado, o la cena que hiciste y después tuviste que recoger la cocina.

Tal vez no sientes que con esas cosas te estás quejando contra Dios, pero olvidarte de ser agradecido por su provisión sí podría serlo. Es tiempo de ser agradecido por tener ese trabajo, o ese amigo, y que incluso tuviste alimentos que comer. Sé humildemente agradecido, ¡no quejicosamente desagradecido!

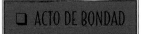

❑ ACTO DE BONDAD

Convierte este día en un día sin quejas.

Gestos de sanidad

Y Jesús iba por toda Galilea, enseñando en
sus sinagogas, proclamando el evangelio del
reino, y sanando toda enfermedad y toda
dolencia en el pueblo.

MATEO 4:23, NBLA

Si alguna vez has pasado tiempo en un hospital o
has visitado a alguien allí, sabrás cuánto trabajan las
enfermeras y los enfermeros. Cuando la mayoría de
nosotros estamos durmiendo, hay enfermeras que están
despiertas, cuidando de los enfermos. Las enfermeras
acompañan a las personas en su dolor y afirman a los
que tienen miedo. No todos estamos llamados a esta
profesión, pero ciertamente podemos admirar y apreciar
su dedicación.

Jesús pudo sanar las enfermedades y dolencias, y
podemos confiar en que Él sigue obrando junto a estos
hombres y mujeres fieles para restaurar sus cuerpos, sus
mentes y sus corazones.

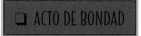

ACTO DE BONDAD

*Lleva flores a tu hospital más cercano
y ponlas en la sala de las enfermeras.*

Tesoros escondidos

> Porque si clamas a la inteligencia,
> Alza tu voz por entendimiento;
> Si la buscas como a la plata,
> Y la procuras como a tesoros escondidos,
> Entonces entenderás el temor del Señor
> Y descubrirás el conocimiento de Dios.
>
> Proverbios 2:3-5, nbla

¿Recuerdas la emoción de ir en busca de un tesoro que alguien escondió para tus amigos y tú? ¡Tal vez tienes buenos recuerdos del domingo de Semana Santa cuando ibas a buscar huevos de Pascua! La emoción de encontrar algo valioso te mantiene motivado para seguir buscando hasta encontrarlo.

Así es como Dios quiere que entendamos la sabiduría. El valor de la sabiduría es mayor que cualquier cosa con la que pudiéramos soñar. La sabiduría nos da una vida plena. Nos enseña cuál es la mejor manera de vivir en este mundo y cómo llevarnos bien con otros. Busca esta sabiduría como un tesoro escondido, y celebra cuando entiendas algo más sobre la naturaleza de Dios.

❏ ACTO DE BONDAD

Esconde monedas en un parque para que los niños las encuentren.

Los valles más oscuros

Aun cuando yo pase por el valle más oscuro,
no temeré, porque tú estás a mi lado.
Tu vara y tu cayado me protegen y me confortan.

SALMOS 23:4, NTV

Los valles son parte de nuestro viaje de vida. En el mundo físico, a menudo es necesario atravesar valles para llegar a pastos más verdes. Si estás experimentando algún tipo de bajón en tu vida ahora mismo, recuerda que tu pastor está cerca de ti y te guiará por esos lugares especialmente duros.

Date permiso a ti mismo para visualizar lo que hay más allá del valle: aguas más frescas, un tiempo más calmado, pastos más verdes. Permite que esta esperanza de lo que hay al otro lado te fortalezca al capear el temporal, sabiendo que tienes a tu lado a tu Salvador durante todo el camino.

❑ ACTO DE BONDAD

Ofrécete para cortar el césped de alguien.

Recuerda

Alégrense con los que están alegres;
lloren con los que lloran.

ROMANOS 12:15, NVI

En los primeros días y semanas de perder a un ser querido, hay una asombrosa cantidad de apoyo y amor que se expresan. Y, aunque las personas no lo olvidan, se meten en sus quehaceres y lentamente ese apoyo desaparece. Si has perdido a un ser querido, sabrás que cualquier mención de esa persona se agradece. Nunca olvidarás a tu ser querido, y significa mucho para ti cuando otros reconocen que están pensando en él o ella, o en lo duro que debe estar siendo para ti.

Si te acuerdas de alguien que haya perdido a un amigo cercano o un miembro de su familia, ya sea reciente o hace algún tiempo, apóyalo en oración y dile que te importa.

❏ ACTO DE BONDAD

Interésate por alguien que haya perdido recientemente a un ser querido.

Armonioso

Vivan en armonía los unos con los otros. No sean arrogantes, sino háganse solidarios con los humildes. No se crean los únicos que saben.

ROMANOS 12:16, NVI

Quizá seas capaz de pensar rápidamente en alguien que conoces y que te parezca arrogante. ¿Cómo te sientes cuando alguien alardea de sus logros o habla sobre sus opiniones como si fueran las únicas que valen? Este tipo de actitud produce separación, ya que una persona se eleva por encima de otra.

Cristo no recorrió ese camino. Jesús puso las necesidades de la humanidad por delante de las suyas, y se sentó y habló con personas que otros consideraban de una posición baja. Al mostrar atención a esas personas, Jesús demostró que todas las personas son valiosas y dignas. Mantén este valor elevado por otros en tu corazón al ir al mundo hoy.

❏ ACTO DE BONDAD

Elogia a la primera persona con la que hables.

Deja el teléfono

Por lo tanto, ya que estamos rodeados por una enorme multitud de testigos de la vida de fe, quitémonos todo peso que nos impida correr, especialmente el pecado que tan fácilmente nos hace tropezar.
Y corramos con perseverancia la carrera que Dios nos ha puesto por delante.

HEBREOS 12:1, NTV

Una de las estadísticas más reveladoras y a veces vergonzosas es la que sale en tu teléfono para decirte el tiempo que has pasado mirando la pantalla ese día o esa semana. Es un buen recordatorio de que probablemente usamos demasiado nuestros teléfonos para recibir información, interactuar, y entretenernos.

Aunque el teléfono en sí no es algo malo, ¡nos agobla! Puede distraernos hasta el punto de no escuchar bien a otros o meternos en una madriguera en las redes sociales en cuanto a la vida de alguien que ni siquiera conocemos. Tienes muchas personas valiosas en tu vida que apreciarían tu atención y tu amor. Quizá sea más difícil hacer el esfuerzo de llamarlos o reunirte con ellos, pero eso demostrará que te interesan.

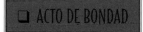

☐ ACTO DE BONDAD

Deja a un lado tu teléfono celular cuando estés pasando tiempo con un amigo.

Dolor por los pobres

Pero nadie golpea al que está derrotado,
al que en su angustia reclama auxilio.
¿Acaso no he llorado por los que sufren?
¿No me he condolido por los pobres?

JOB 30:24-25, NVI

Dios creó a los seres humanos inherentemente buenos.
Esto se destaca cuando nuestro corazón se duele por lo
que sufren. Somos sensibles a las cosas que no están bien
en nuestro mundo. A la mayoría de las personas no les
gusta ver a otros sufriendo dolor; queremos ayudar para
que se mejoren. Hay muchos asuntos y problemas que nos
rompen el corazón, y rompen también el corazón de Jesús.

Hogares abusivos, falta de alimento y hogar, crueldad
animal, o enfermedades incurables son tan solo algunos de
los interminables problemas que azotan nuestro mundo.
En lugar de desesperarte por lo que parece ser una
situación sin esperanza, encuentra esperanza en el poder
restaurador de Jesús. Él vino para liberar a los cautivos.
Ora con esperanza, actúa con esperanza, y difunde
esperanza al mundo que te rodea.

❏ ACTO DE BONDAD

Dona a una organización benéfica.

La mejor medicina

Tiempo de llorar, y tiempo de reír;
Tiempo de lamentarse, y tiempo de bailar.

ECLESIASTÉS 3:4, NBLA

Está demostrado que la risa es beneficiosa para la salud. Cuando te ríes, tu cuerpo activa y libera la respuesta al estrés, haciéndote sentir relajado después. También estimula tus órganos, mejora tu sistema inmune, y suaviza la tensión. ¿No es asombroso cómo creó Dios nuestra mente y nuestro cuerpo para trabajar juntos de este modo?

Si te sientes particularmente agobiado hoy, busca algunos buenos chistes en línea, busca a tu cómico favorito, o piensa en lo último que te hizo reír. Si tienes oportunidad, puedes pasarle eso a otra persona para ayudarle a iluminar su día y darle también un momento de alivio rápido del estrés.

❑ ACTO DE BONDAD

Envía un meme chistoso a un amigo.

La gratitud de un rey

En cuanto oro, tú me respondes;
me alientas al darme fuerza.
Todos los reyes del mundo te darán gracias, SEÑOR,
porque cada uno de ellos escuchará tus palabras.

SALMOS 138:3-4, NTV

La palabra escrita en estos días es en su mayor parte digital, lo cual significa que es muy eficaz para no hacer que tus pensamientos trabajen. Pero hay algo casi sagrado en usar las manos para escribir: la forma en que los escribas lo hacían para los reyes.

Una oración podría ser un proceso mucho más concienzudo, algo que otros pudieran repetir, y en el caso de los salmos, a menudo era muy poético. Piensa en este salmo y en cómo podrías escribir una oración de gratitud. ¿Con qué, o con quién, tienes que estar agradecido?

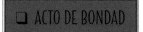

❑ ACTO DE BONDAD

*Escribe una nota de agradecimiento
a alguien de tu familia.*

De día o de noche

Mis familiares y yo hemos servido a Dios, y nadie puede acusarnos de nada malo. Siempre que oro, ya sea de día o de noche, te recuerdo y doy gracias a Dios por ti.

2 TIMOTEO 1:3, TLA

Cuando alguien está pasando por un tiempo difícil, nos parece que pensar en dicha persona no es suficiente. Pero sabrás por tu propia experiencia que, cuando alguien te dice que está pensando en ti, significa mucho. Da a las personas un sentimiento de no estar solo y de que otras personas se preocupan por ellas.

Este es el cuidado que Jesús tiene por cada uno de sus hijos, y quiere que nosotros tengamos este mismo corazón con respecto a otros. La próxima vez que alguien venga a tu mente, detente y ora por esa persona y por la situación por la que pudiera estar pasando hoy. Permite que tus oraciones, de día o de noche, estén llenas de cuidado por otros.

□ ACTO DE BONDAD

Escribe un mensaje a alguien diciéndole:
«Estoy pensando en ti».

Lentos para hablar

Recuerden esto, queridos hermanos:
todos ustedes deben estar listos para escuchar;
en cambio deben ser lentos para hablar y para enojarse.

SANTIAGO 1:19, DHH

Las discusiones nunca son divertidas y nunca se ganan.
Es indiscutible que las personas te decepcionarán, te
contradecirán, o incluso te mentirán en algunas cosas. Sin
embargo, aunque tengas razón, discutir no suele ayudar.
Se necesita mucho dominio propio, pero si puedes pasar
la mayoría de tu tiempo escuchando en una discusión y
sujetando la lengua más de lo que quisieras, quizá salgas
con un entendimiento más claro de la situación.

La manera de Jesús es intentar entender el corazón de la
otra persona antes de hablar. Y a veces ni siquiera tienes
que decir nada; ese puede ser un verdadero regalo para
alguien que necesita ser escuchado.

❏ ACTO DE BONDAD

Sé un orientador para un amigo. Simplemente escucha.

Diversión familiar

Miriam la profetisa, hermana de Aarón,
tomó en su mano el pandero, y todas las mujeres
salieron tras ella con panderos y danzas.

ÉXODO 15:20, NBLA

Tu familia es, por lo general, el lugar más seguro para ti. Puedes vestir lo que quieras, llorar cuando quieras, y hacer el tonto sin preocuparte de ser juzgado. El cuadro que dibuja este versículo es de gozo y unidad. Celebrar con la familia puede significar mucha risa. Así es como Dios quiso que nos comportáramos con los demás.

¡Fuimos creados para amar profundamente y reír con fuerza! Si no estás rodeado de tu familia porque vives en otra ciudad u otro país, o porque las cosas por desgracia son disfuncionales, encuentra algunos amigos que puedan ser como tu familia. Da las gracias a Dios por el regalo de los buenos amigos.

❑ ACTO DE BONDAD

*Envía una tarjeta divertida a un amigo cercano
o a un familiar.*

Ten cuidado y sé consciente

El chismoso traiciona la confianza;
no te juntes con la gente que habla de más.

PROVERBIOS 20:19, NVI

Es una escena con la que estamos familiarizados porque todos hemos sido parte de esas conversaciones. Nos gusta hablar sobre los demás pero, por desgracia, también nos gusta hablar de forma negativa de otros. A veces solo estamos aireando nuestras frustraciones con las personas, pero sabemos cuándo nos estamos pasando.

Si estás en una conversación con alguien que constantemente habla mal de la gente, la lamentable realidad es que probablemente esa persona también está hablando mal de ti, o al menos transmitiendo tus comentarios a otros. Seamos sinceros: todos somos culpables de esto, pero hagamos algo con nuestra culpa y dejemos que Jesús nos ayude a redimir esas conversaciones. Convirtamos nuestros insultos en ánimo.

❏ ACTO DE BONDAD

Detén las charlas negativas. Métete en la conversación con un halago cuando ésta sea desdeñosa.

Generosidad extravagante

Siempre les tiende la mano
a los pobres y necesitados.

PROVERBIOS 31:20, DHH

¿No sería fantástico que nos reconocieran como una persona extravagantemente generosa? Es bueno que nos recuerden que hay personas que están mucho más necesitadas que nosotros. Hacemos bien en ocuparnos de las necesidades de nuestra propia familia, pero eso puede impedirnos mirar a nuestro alrededor a los que tienen más necesidad.

Jesús fue extravagantemente generoso, pero no siempre tenía que ver con el dinero. Daba de su tiempo, de su atención, y de su amor a los que estaban en los márgenes de la sociedad. No eran solo unos cuantos gestos aquí y allá. ¿Te acuerdas de Zaqueo, aquel a quien todo el mundo odiaba? Jesús no solo habló con él, ¡sino que fue a su casa para cenar con él! Eso es ir la milla extra. Aprendamos a caminar y hablar como Jesús, y a esforzarnos por hacer más de lo que nos resulte fácil.

ACTO DE BONDAD

*Dona algunas prendas de ropa nuevas
a una tienda benéfica.*

Inspiración celestial

Los cielos proclaman la gloria de Dios
y el firmamento despliega la destreza de sus manos.
Día tras día no cesan de hablar;
noche tras noche lo dan a conocer.

SALMOS 19:1-2, NTV

Puedes ahogar a Dios en tus actividades diarias, pero es casi imposible ignorar su gloria cuando te detienes a contemplar las estrellas, cuando caminas por la costa, o haces una caminata por el bosque. La naturaleza es única para hacernos sentir inspirados. Vemos grandeza, belleza y maravilla; ¡nuestro Dios Creador es asombroso!

Si no te sientes inspirado hoy, tómate algo de tiempo para observar la verdadera obra de artesanía de Dios. Sal al exterior, lee algo de poesía, o visita una galería de arte. Deja que Dios te hable mientras te maravillas del mundo creado que te rodea.

❏ ACTO DE BONDAD

*Pon algunas notas adhesivas de inspiración
por tu casa o tu lugar de trabajo.*

Abril

El corazón del sabio enseña a su boca
Y añade persuasión a sus labios.
Panal de miel son las palabras agradables,
Dulces al alma y salud para los huesos.

Proverbios 16:23-24, NBLA

La Palabra viva

Toda la Escritura es inspirada por Dios y es útil para enseñarnos lo que es verdad y para hacernos ver lo que está mal en nuestra vida. Nos corrige cuando estamos equivocados y nos enseña a hacer lo correcto.

2 TIMOTEO 3:16, NTV ·

No siempre parece que podemos identificarnos con la Biblia, pero la verdad es que es la Palabra viva de Dios para ti, y el Espíritu Santo está ahí para ayudarte a que sea relevante. Tal vez tengas que leerla de otra manera, en una versión más moderna, buscar en el internet explicaciones para ciertos versículos, o preguntar a un buen amigo qué cree que significa algo en la Biblia.

Comprométete al menos a interactuar con las Escrituras de otra manera, de modo que puedas aplicarla para que te enseñe y te guíe por el camino correcto. Si sacas algo en claro al leerla, prueba a compartirlo, ¡porque es un testimonio de que la Palabra de Dios sigue viva!

❏ ACTO DE BONDAD

Escribe un versículo de ánimo y déjalo en el escritorio de alguien.

Brotar

El reino de Dios es como un hombre que echa semilla en la tierra, y se acuesta de noche y se levanta de día, y la semilla brota y crece; cómo, él no lo sabe.

MARCOS 4:26-27, NBLA

El proceso del crecimiento es una maravilla increíble. Plantamos semillas, pero no estamos realmente seguros de todo lo que sucede para que crezcan. La ciencia puede contarnos en nuestros días el maravilloso proceso del crecimiento, pero no es nada que nosotros podamos hacer. Tan solo esperamos a que la naturaleza lleve a cabo su curso.

Jesús describió el reino de Dios de este modo: no tenemos que preocuparnos por cómo van las cosas; solo tenemos que confiar en que las cosas están sucediendo y que nuestra fidelidad a la obra del Señor tendrá como resultado que las semillas broten y crezcan.

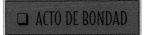

❑ ACTO DE BONDAD

Llévale una planta a alguien a quien le guste la jardinería.

Comparte mi cruz

Luego Jesús llamó a sus discípulos y a la gente, y dijo:
—Si alguno quiere ser discípulo mío, olvídese de sí
mismo, cargue con su cruz y sígame.

MARCOS 8:34, DHH

Es cierto que Dios tiene muchas promesas y cosas buenas
para tu vida, pero hay veces en las que el cristianismo
requiere que lleves cargas y dolores que hacen que te
preguntes si seguir a Cristo no será demasiado duro. Podrías
tener que adoptar una postura de integridad o veracidad,
y eso conlleva sacar a la luz los las malas acciones de un
amigo. Tal vez te dejan fuera de las conversaciones del
trabajo porque tus colegas saben que no vas a participar
de los chismes. Quizá incluso tienes un amigo o un cónyuge
que no te es leal debido a lo que crees.

Recuerda las palabras de Jesús: participarás de sus
sufrimientos. ¡Anímate al saber que eso significa que
también participarás de la vida resucitada! Habrá gozo
como resultado de la rendición.

❑ ACTO DE BONDAD

*Prepara una cestita con golosinas para un niño
de tu vecindario.*

Cristo en mí

Mi antiguo yo ha sido crucificado con Cristo.
Ya no vivo yo, sino que Cristo vive en mí.
Así que vivo en este cuerpo terrenal confiando
en el Hijo de Dios, quien me amó y se entregó
a sí mismo por mí.

GÁLATAS 2:20, NTV

¿Cómo te sientes con tu cuerpo terrenal en estos momentos? Quizá acabas de terminar una dieta o un entrenamiento, y te sientes genial. Tal vez sientes que has ganado demasiado peso o que estás comiendo de manera poco saludable, y no tienes mucha energía. Tu cuerpo es importante, pero no es tan importante como la atención que le estés dando al hecho de que Cristo vive en ti.

Cuando aceptaste a Cristo como tu Salvador, dijiste no a la vieja naturaleza y te revestiste de una nueva. Esta nueva naturaleza es Cristo guiándote a la salud, la integridad, y el amor por otros. Dale gracias a Jesús por dar su vida por ti, y encuentra una manera de mostrar un amor sacrificial a los que te rodean.

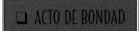

❏ ACTO DE BONDAD

Lleva a tus amigos a un servicio de la iglesia.

Pequeños deleites

Día tras día continuaban unánimes en el templo y partiendo el pan en los hogares, comían juntos con alegría y sencillez de corazón.

HECHOS 2:46, NBLA

La oficina se ha convertido en algo más que el lugar donde vas a realizar tu trabajo. Quizá no estés ahí para socializar, pero te guste o no, es un lugar donde las mismas personas se reúnen casi todos los días e inevitablemente compartirás al menos algunas cosas sobre tu vida de vez en cuando.

Probablemente también tienes amigos cercanos del trabajo con los que quizá salgas a almorzar, o a veces se reunirán como equipo para tomar café en un receso. A veces es ahí donde te hacen preguntas sobre tu fe, tu iglesia, o tus opiniones morales. Puede ser incómodo, pero intenta ver tu lugar de trabajo como una oportunidad para compartir la luz de Cristo.

❏ ACTO DE BONDAD

Lleva chocolates a tu lugar de trabajo.

Ingenuo

Evita que te desprecien por ser joven;
más bien debes ser un ejemplo para los creyentes
en tu modo de hablar y de portarte, y en amor,
fe y pureza de vida.

1 Timoteo 4:12, dhh

El mundo puede parecer pesado, particularmente a medida que vas envejeciendo y el tiempo trae consigo enfermedades, divorcio, estrés económico, y fracasos de diversa índole. A veces es bueno tener una manera de aligerar la carga. Una de esas maneras podría ser pensar como un niño de vez en cuando. ¿Recuerdas cuando la vida estaba libre de preocupaciones? Tus padres se ocupaban de todas las responsabilidades y tú solo jugabas. La vida era sImple entonces, e incluso las respuestas parecían simples.

A veces es útil volver a visitar esos tiempos libres de preocupación para poder ver a través de los ojos de un niño. Deja que Dios restaure algo de esa simplicidad en ti en tu modo de ver tu situación y también a los demás. Y, después, dale gracias al Señor por los niños que hay en tu vida y ora para que estén protegidos por el gozo de ser un niño.

> ❏ ACTO DE BONDAD

Compra algunos juguetes sencillos en el bazar
y regálaselos a algunos niños que conozcas.

El mayor regalo

Si Dios no nos negó ni a su propio Hijo, sino que lo
entregó a la muerte por todos nosotros,
¿cómo no habrá de darnos también,
junto con su Hijo, todas las cosas?

ROMANOS 8:32, DHH

¿Cuál es el mejor regalo que has recibido nunca? ¿Qué
es lo mejor que alguien ha hecho por ti últimamente?
Los mejores regalos son los que te hacen sentir que eres
querido y apreciado. Alguien pensó en lo que tú querías
y no le prestó mucha atención al precio de la etiqueta.
Estuvo feliz de darte algo que te produciría alegría.

Jesús presentó su vida como un regalo para ti. Él sabía
cuánto le costaría, pero su amor por ti fue mucho mayor
que el precio. Su regalo te dio libertad. Él no te retiene
nada, así que disfruta de su bondad para contigo hoy.

❏ ACTO DE BONDAD

*Hazle un regalo a alguien que batalle
para llegar a fin de mes.*

Una petición inesperada

Cuando Jesús llegó al lugar, miró hacia arriba
y le dijo: «Zaqueo, date prisa y desciende,
porque hoy debo quedarme en tu casa».

LUCAS 19:5, NBLA

Cuando Zaqueo subió a ese árbol para ver a Jesús, no
esperaba la respuesta que Jesús le dio. En lugar de
ignorarlo, Jesús dirigió toda su atención a este hombre,
¡y le dijo que quería quedarse a cenar en su casa!
Zaqueo probablemente se quedó tan sorprendido como
los que estaban entre la multitud y que se molestaron
inmediatamente porque Jesús iba a ir a casa ¡de un
pecador de tan mala reputación!

Jesús te ofrece a ti ese mismo tipo de amor y atención. Sé
agradecido por su bondadosa respuesta para ti, y da esa
bondad a alguien de tu entorno que podría necesitarlo.

❏ ACTO DE BONDAD

Invita a alguien a cenar.

Servicio gratuito

Porque Dios quiere que ustedes hagan el bien, para que los ignorantes y los tontos no tengan nada que decir en contra de ustedes. Pórtense como personas libres, aunque sin usar su libertad como un pretexto para hacer lo malo. Pórtense más bien como siervos de Dios. Den a todos el debido respeto. Amen a los hermanos, reverencien a Dios, respeten al emperador.

1 Pedro 2:15-17, DHH

Ser siervo es un término que deja un mal sabor de boca. Eso se debe a que pensamos en quienes estuvieron en la esclavitud y nos avergonzamos de que se les obligara a servir. El tipo de servicio que Jesús requiere de nosotros, sin embargo, es un estilo de vida que adoptamos por decisión propia. Pablo se llama a sí mismo esclavo de Cristo: alguien que escoge seguir sirviendo a su amo aún después de haber sido liberado.

No tienes que participar de una vida de servicio a otros, ¡pero puedes hacerlo si así lo deseas! Pasa un tiempo con Jesús y deja que su amor por ti salga de tu corazón para que tengas el deseo de querer dar tu tiempo y tus energías a otros.

☐ ACTO DE BONDAD

Vacía el lavavajillas.

¿Para quién es?

Que Dios se acuerde siempre
de todas tus ofrendas,
y reciba con gusto los animales
que presentas en su honor.

SALMOS 20:3, TLA

Jesús puede obrar a través de nuestras vidas. Él no
necesita un talento extraordinario, palabras elocuentes, o
incluso sabiduría y madurez. Lo único que Jesús necesita
de ti es un corazón puro y dispuesto. Cuando descubres a
alguien en necesidad, tal vez alguien que parece perdido
o triste, y le muestras una sonrisa, eso es revelar a Jesús.
Cuando observas que alguien tiene hambre o necesita que
alguien lo lleve a su casa y le ofreces ese sencillo servicio,
es el poder de Cristo en ti.

Porque todas esas veces que estuviste dispuesto a darte
a otros no ha sido solo por esa persona, sino también por
Cristo. Él reconoce tus actos de bondad como un sacrificio
de amor por Él.

☐ ACTO DE BONDAD

Llévale algún detalle a un amigo.

Solo llamaba para saludar

*Lleven los unos las cargas de los otros,
y cumplan así la ley de Cristo.*

GÁLATAS 6:2, NBLA

Compartir tu día con alguien es una de las mejores maneras de descargar los altibajos de lo que hayas experimentado. Si tienes la bendición de tener a alguien que llega a la casa y se interesa por tu día, dale gracias a Dios por poner a esa persona en tu vida.

Fuimos creados para vivir en comunidad y así poder compartir todas las cosas. Otras personas pueden empatizar contigo, convertirse en cajas de resonancia para ti, o ser un lugar seguro donde poner a flote algunas de tus ideas. Si reconoces a esa persona como un regalo, recuerda que tú también puedes ser un regalo para otra persona. Lleva hoy las cargas de otra persona.

❑ **ACTO DE BONDAD**

Llama a alguien a quien amas y dile que lo amas.

Enviar gozo por correo

Cuando los hermanos la leyeron,
se alegraron mucho por el consuelo que les daba.

HECHOS 15:31, DHH

Las cartas y el boca a boca eran las únicas maneras en las que las personas podían comunicarse en un entorno de larga distancia en los tiempos de la Biblia. Las personas podían esperar meses para oír algo de sus seres queridos. Cuando la iglesia recibía cartas de los apóstoles, es entendible que se alegraran mucho y se deleitaran por saber que esas personas aún los animaban desde la distancia y oraban fervientemente por ellos.

Anímate sabiendo que otros están pensando en ti y orando por ti aunque quizá no hayas recibido ese mensaje todavía. Del mismo modo, sé considerado con otros y envíales una oración. Aún mejor, diles que estás pensando en ellos.

❏ ACTO DE BONDAD

Escribe una nota de ánimo y pégala en el libro de alguien.

¿Quién es la sabiduría?

Feliz el hombre que no sigue el consejo
de los malvados.

SALMOS 1:1, DHH

Hay otros caminos en esta vida; hay otras opciones.
Podríamos no creer; podríamos no seguir las enseñanzas
de Cristo. Podríamos inventar nuestro propio camino
por el que ir. Podríamos rehusar, podríamos argumentar,
podríamos retar. Podríamos mostrar nuestra ira o hacer
una pataleta, soltar nuestras emociones y nuestro enojo.

Con ello, definiríamos nuestro propio camino y rechazaríamos
la mera posibilidad de que incluso hubiera otro camino,
para empezar. Eso sería seguir nuestro propio camino, y le
daríamos la espalda al camino que Cristo nos enseñó como
modo de vida: amarnos los unos a los otros. Disfruta de una
vida de deleite, ¡siguiendo los caminos de Dios!

☐ ACTO DE BONDAD

Hazle la limpieza de casa a alguien.

Antiguo pero actual

El propósito de los proverbios es enseñar sabiduría
y disciplina, y ayudar a las personas a comprender
la inteligencia de los sabios.

PROVERBIOS 1:2, NTV

Hay muchas personas de las que obtenemos nuestra
sabiduría y disciplina. ¿Quiénes son las personas en tu
vida a las que acudes cuando estás buscando la mejor
respuesta para una decisión importante que debes tomar?
¿Quién es esa persona a la que acudes cuando sabes que
quizá te estás desviando hacia la necedad?

Aunque las personas pueden ser buenas y tener razón en
muchas ocasiones, ¿has pensado en meterte de lleno en
las Escrituras para ver lo que otras personas inspiradas
por Dios tienen que decirte? Eso es lo que declara ser
Proverbios: un libro para ayudarte a entender la verdad; y,
si eres lo suficientemente valiente, ¡para darte disciplina!
Por lo tanto, escucha estas palabras, porque quizá te darán
la información que necesitas en el momento adecuado.

❏ ACTO DE BONDAD

*Pregúntale a alguna persona anciana lo que significa
hacerse mayor, y escucha su historia atentamente.*

Él se interesa

El Señor protege a los extranjeros,
Sostiene al huérfano y a la viuda,
Pero frustra el camino a los impíos.

SALMOS 146:9, NBLA

Podemos llegar a ser bastante críticos con las personas que no conocemos. Hay algo en la persona desconocida que nos hace sentir que podemos reírnos de su desgracia o no atender a su ruego. En momentos así, es útil recordar que Jesús está igualmente interesado por todas las personas, incluyendo esa persona al otro lado de la calle o en el automóvil que está junto a ti.

Solo porque no conozcas a las personas no significa que Jesús no las conozca y las ame profundamente. Trata a todos los desconocidos como personas valiosas, e intenta amarlos como lo haría Jesús.

❑ ACTO DE BONDAD

Ayuda a alguien a quien no conozcas a meter la compra en su automóvil.

Rescata y protege

Esto ha dicho el Señor: «A los pobres y débiles se les oprime y se les hace sufrir. Por eso voy ahora a levantarme, y les daré la ayuda que tanto anhelan».

Salmos 12:5, DHH

Cuando piensas en algún héroe, por lo general piensas en alguien que ha sido capaz de defender a un atacante, de apartar a alguien del camino de un vehículo en movimiento que iba a atropellarlo, o de rescatar a alguien que se estaba ahogando. Tal vez piensas también en personas que son fuertes defensores de la justicia social y defienden a los menos afortunados. Estas personas son valientes, sin duda, pero también hay formas de proteger a tus amigos y familiares que quizá no sean tan obvias.

A veces, la mejor manera en que podemos proteger es dejando de contar chismes sobre otras personas que conocemos, o desmintiendo alguna calumnia que se esté diciendo de alguien. También podemos defender a alguien dándole palabras positivas para que no se hunda en la desesperación. Visualízate como un héroe cuando te encuentres con necesidades emocionales y también físicas.

❏ ACTO DE BONDAD

Pon un elogio en las redes sociales de tu amigo.

El niño en la cesta

Al abrirla, vio al niño, y oyó que el niño lloraba.
Le tuvo compasión, y dijo: «Este es uno
de los niños de los hebreos».

ÉXODO 2:6, NBLA

La historia de Moisés es una historia de gran bondad. Se había dado la orden de matar a los bebés varones hebreos, y la hija del faraón conocía bien esta regla. Sin embargo, en lugar de darle la espalda al bebé, arriesga su reputación y posiblemente incluso su vida para salvar a este bebé. Es difícil no preocuparte por un bebé indefenso.

Toma un momento para pensar en el precioso regalo que representa la vida de un recién nacido, y ora por los que están en riesgo de daño o pobreza. Tal vez quieras ir un paso más allá y sacrificar tu tiempo o tu reputación para ayudar a los que son más vulnerables.

☐ ACTO DE BONDAD

*Dona pañales o ropa de bebé a tu iglesia local
o centro de salud.*

Acercarme

Y toda la multitud procuraba tocar a Jesús,
porque de Él salía un poder que a todos sanaba.

Lucas 6:19, NBLA

¿Eres alguien que aprecia un abrazo o una palmada en la espalda cuando alguien te saluda, o prefieres que la gente guarde las distancias? Todos tenemos formas distintas de expresar y recibir amor, pero es importante reconocer que, para algunos, un simple toque puede marcar la diferencia entre sentirse apreciado o no.

Jesús usó una mezcla de formas de ayudar a las personas: a veces los tocaba para sanarlos, y otras veces simplemente hablaba. Pídele a Jesús que te dé discernimiento para saber cómo debes mostrar aprecio a alguien y ser intencional en alcanzarlo, ya sea de forma física o no.

❏ ACTO DE BONDAD

*Dale a algún miembro de tu familia un masaje
en los hombros.*

Expresado en la naturaleza

Meditaré en la gloria y la majestad de tu esplendor,
y en tus maravillosos milagros.

SALMOS 145:5, NTV

Dios no solo nos creó para disfrutar los unos de los otros;
también creó el mundo que nos rodea para darnos gozo.
Si tomas el tiempo para meditar en la belleza de la tierra
que te rodea, pídele a Dios que abra tus ojos a cómo
podría estar expresándose Él para ti. Tal vez tengas que
ver su resplandor en el color brillante de una flor, o puede
que necesites entender su sabiduría en el modo en que un
árbol da fruto. Quizá incluso seas capaz de sentir su humor
por la forma en que un cachorrito trata de morderse su
propio rabo.

El amor de Dios, su creatividad y su poder pueden verse en
todo lo que te rodea. Ora para que Dios abra los ojos de un
amigo tuyo a esta revelación.

❏ ACTO DE BONDAD

Llévale flores a un amigo.

La entrada a tu corazón

Sean comprensivos con las faltas de los demás
y perdonen a todo el que los ofenda.
Recuerden que el Señor los perdonó a ustedes,
así que ustedes deben perdonar a otros.

COLOSENSES 3:13, NTV

Hay veces en la vida en las que las acciones o las palabras de una persona nos dañan profundamente. Dar acceso a tu vida a esas personas otra vez puede resultar algo casi imposible. A veces, las amistades terminan y Dios puede darte paz al respecto. Otras veces, Dios quizá desea que la relación se arregle y se produzca una reconciliación.

Si sientes que Dios podría estar alentándote a perdonar y volver a abrazar una relación, quizá necesites algo de ayuda para abrir tu corazón de nuevo. Jesús vino para restaurarte a la vida, no para que vivas lleno de lamentos y dolor. Entrégale tus cargas y tu bagaje, y permite que Él te guíe al siguiente paso hacia la sanidad.

❏ ACTO DE BONDAD

Sostén la puerta abierta para que alguien entre.

Tan solo pide

Ámense como hermanos los unos a los otros,
dándose preferencia y respetándose mutuamente.

ROMANOS 12:10, DHH

A veces, lo único que tenemos que hacer es pedir ayuda.
Tal vez no puedes cargar con todo de una vez hasta tu
automóvil, o no sabes cómo vas a poder recoger a uno de
tus niños de su entrenamiento de fútbol. Quizá necesitas
un par de huevos pero no quieres ir hasta la tienda. ¿Qué
solemos hacer cuando nos enfrentamos a esos pequeños
inconvenientes? O nos quedamos sin hacerlo, o nos
cargamos innecesariamente.

Fuimos creados para vivir en comunidad; necesitamos
personas en las que confiar, y un buen amigo o vecino por
lo general está más que dispuesto a ayudar. Quizá incluso
hagas sentir bien consigo mismo a alguien si le pides
ayuda. Haz tu parte en la familia de la fe y pide a alguien
que te eche una mano.

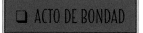

❏ ACTO DE BONDAD

Ayuda a alguien a cargar algo.

Cuidado de la tierra

La tierra es del Señor y todo lo que hay en ella;
el mundo y todos sus habitantes le pertenecen.

SALMOS 24:1, NTV

Hay actos de bondad con personas y actos de bondad con la tierra. Podríamos pensar que son cosas distintas, pero piensa en lo mucho que las personas interactuamos con la tierra. La tierra nos suple de comida, y todos los sistemas naturales ayudan a nutrir nuestras vidas. Necesitamos la lluvia para tener agua que beber, y necesitamos árboles para el aire que respiramos.

Dedica un tiempo a meditar en lo mucho que la naturaleza en verdad significa para ti. Aprecia lo que Dios ha hecho y reconoce que todo le pertenece a Él. Cuida de la tierra como cuidas de ti mismo.

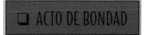

☐ ACTO DE BONDAD

Compra una planta para alguien.

Repartir o querer

Hay quien reparte, y le es añadido más,
Y hay quien retiene lo que es justo,
solo para venir a menos.

PROVERBIOS 11:24, NBLA

Parece que cuanto más tenemos, más queremos. A menudo pensamos que si tuviéramos más dinero, una casa mejor o un automóvil nuevo, nos sentiríamos mejor. Y tal vez sí, pero eso no dura mucho. El único sentimiento que parece durar más que la satisfacción de esa cosa nueva es el deseo de tener más. Esto se debe a que intentamos llenar con otras cosas un hueco que tiene forma de Dios.

Nada en esta vida te dará más satisfacción que el amor de Cristo. Cuando aceptas eso como lo único que realmente necesitas, hará que seas más capaz de soltar las posesiones que piensas que te darán la felicidad. Un puño cerrado solo te hará sentir que necesitas más, pero una mano abierta te hace apreciar más lo que tienes. Pide que el amor de Cristo te llene ahora.

☐ ACTO DE BONDAD

*Deja alimentos no perecederos en el banco
de alimentos más cercano.*

Charla profunda caminando a paso ligero

Porque el ejercicio físico aprovecha poco, pero la piedad es provechosa para todo, pues tiene promesa para la vida presente y también para la futura.

1 TIMOTEO 4:8, NBLA

No hay nada como un paseo a paso ligero para acelerar el corazón y ayudarte a aclarar la mente. Salir al exterior puede ser un tiempo para desconectar de todas las distracciones que te atrapan rápidamente cuando estás en la casa. Tal vez eres alguien a quien le gusta ponerse algo en las orejas cuando hace ejercicio, como música o mensajes de inspiración.

Prueba algo distinto la próxima vez que salgas al aire libre. Como dice la Escritura, el ejercicio te beneficia pero también te beneficiará igualmente una buena conversación con un amigo cercano. Combina el ejercicio con un tiempo para conectar con alguien a quien amas, para escucharse, hablar, y animarse el uno al otro.

❏ ACTO DE BONDAD

Sal a dar un paseo con un amigo.

Comer y beber

Entonces, ya sea que coman, que beban, o que hagan cualquier otra cosa, háganlo todo para la gloria de Dios.

1 CORINTIOS 10:31, NBLA

Qué alivio supone saber que Dios te creó para comer y beber, ¡y también para hacer todas las demás cosas de la vida! A veces, podemos llegar a ver estas acciones como simples medios para un fin, pero Dios quiere que disfrutes de una buena comida y que bebas para satisfacer tu sed.

Nos metemos en problemas cuando hacemos de la comida y la bebida algo más de lo que debieran ser en nuestra vida. Cuando perseguimos la comida y la bebida al punto de buscar lo mejor o usarlo para satisfacer otra necesidad, lo convertimos en algo que reemplaza a Cristo. Permite que Cristo llene el espacio en tu corazón donde más lo necesitas, y después sigue haciendo todas las cosas comunes y corrientes para su gloria.

❏ ACTO DE BONDAD

Invita a alguien a almorzar.

Para servir

«Porque ni aun el Hijo del Hombre vino para ser servido, sino para servir, y para dar Su vida en rescate por muchos».

MARCOS 10:45, NBLA

¿Alguna vez has conocido al hijo de algún famoso? ¿O alguien te ha contado que está vinculado a alguien muy importante? El título que Jesús tuvo en la tierra, Hijo de Dios, supera cualquier título que puedas oír jamás. Sin embargo, Él vino al mundo a través de una familia común y creció con una vida común. Jesús no era orgulloso ni se enseñoreó de los demás. Ofreció amor, aceptación y sanidad con un corazón lleno de compasión por otros.

Recuerda que Jesús es tu ejemplo y tu fuente de amor para las demás personas que hay en tu vida. No esperes ser servido en la vida; más bien, espera servir a otros.

❏ ACTO DE BONDAD

Ofrécete para lavarle el automóvil a tu vecino.

Una cultura de ayuda

Por tanto, confórtense los unos a los otros, y
edifíquense el uno al otro, tal como lo están haciendo.

1 Tesalonicenses 5:11, NBLA

Hay personas dependientes y hay personas independientes.
En nuestra cultura, pensamos que la independencia es la
mejor manera de vivir. Piensa en el modo en que elogiamos
a los niños por hacer algo solitos sin necesidad de ayuda.
Como adultos maduros, esta mentalidad nos deja pensando
que primero debemos intentar hacer las cosas por nosotros
mismos antes de pedir ayuda. Por desgracia, eso puede
significar perderte pasar tiempo con alguien. También
significa que te esfuerzas solo, y te amargas y resientes más
de lo necesario.

Las consecuencias de no tener personas a tu alrededor que
te animen y edifiquen son demasiado importantes; podría
ser bueno para ti recordarte que la dependencia puede
ser algo positivo. Muéstrale esto a las personas ofreciendo
tu ayuda rápidamente. Podemos comenzar con cosas
pequeñas y después construir una cultura de ayuda a las
personas si nos ofrecemos en cuanto surja una necesidad.

ACTO DE BONDAD

Ofrécete para llevarle la compra a un amigo.

Prefiero que no

El más importante entre ustedes
debe ser el sirviente de los demás.

MATEO 23:11, NTV

Ascender en la vida laboral, por lo general, ha sido cuestión de lo bien que saben expresarse las personas y cuán competentes pueden parecer. Esto no siempre se traduce en que pueden trabajar bien. No parece justo, y no está bien, que quienes más alardean son muchas veces quienes consiguen el ascenso. Jesús le dio la vuelta a este pensamiento mostrando que convertirse en siervo y ser una persona humilde es la mejor manera de vivir. Por desgracia, este modo de pensar no siempre tiene éxito en nuestro lugar de trabajo. Sin embargo, un jefe probablemente notará tu humildad y tu disposición a servir más de lo que crees.

Aunque nunca nadie lo note en tu trabajo, sí se nota en el reino de Dios. Si estás batallando en tu trabajo en este instante, intenta esforzarte más y pedirle a Dios la gracia para ser humilde incluso cuando no quieras serlo.

❏ ACTO DE BONDAD

Sírvele a alguien un café.

Inmerecido

> Siervos, estén sujetos a sus amos con todo respeto, no solo a los que son buenos y afables, sino también a los que son insoportables.
>
> 1 Pedro 2:18, NBLA

Es cierto cuando dicen que el liderazgo es solitario. Ya sea que un jefe o un director es justo o no, ellos son distintos al resto de trabajadores. Tienen autoridad y hacen las llamadas, lo cual sitúa una línea de distinción entre ellos y el resto. Esto significa que a menudo se hablará de ellos a sus espaldas o no se les invitará a eventos sociales. Ellos están, en efecto, afuera.

Jesús nos mostró que hay que respetar a todos. Eso es lo que verdaderamente significa la gracia; es un favor inmerecido. Sé parte de un cambio de cultura en tu lugar de trabajo, y muestra respeto y bondad hacia la persona que está al mando.

☐ ACTO DE BONDAD

Di algo bueno a tu jefe.

Rostro alegre

El corazón alegre se refleja en el rostro,
el corazón dolido deprime el espíritu.

PROVERBIOS 15:13, NVI

¡Nuestro rostro evidencia mucho! Cuando nos sentimos bien por dentro, nuestro rostro, por lo general, está relajado y presto a sonreír. Cuando tenemos ansiedad o desesperación, nuestras expresiones serán de incomodidad. ¿Qué cosas te hacen sentir bien? Tal vez tengas que pensar en algo por lo que estar agradecido, y después ofrecer una oración de agradecimiento al Señor. Quizá tengas que salir afuera por un momento para aclarar tu mente, o tan solo necesitas respirar hondo un par de veces para ayudarte a recuperar el equilibrio y obtener una nueva perspectiva.

Pídele a Jesús que te dé las herramientas que necesites para levantar tu espíritu, a fin de que tu rostro pueda estar alegre y ligero. No tienes que fingir tus sentimientos; sé genuino y deja que Dios siga guiándote a un lugar de bienestar.

☐ ACTO DE BONDAD

Muestra una sonrisa a tres personas que no conozcas.

Mayo

El que sigue la justicia y la lealtad
Halla vida, justicia y honor.

PROVERBIOS 21:21, NBLA

Observa y aprende

Miren las aves que vuelan por el aire: no siembran ni cosechan ni guardan la cosecha en graneros; sin embargo, el Padre de ustedes que está en el cielo les da de comer. ¡Y ustedes valen más que las aves!

MATEO 6:26, DHH

Si alguna vez has comido al aire libre en un espacio público, sin duda alguna verás pajaritos a tu alrededor, esperando algo de comida o buscando algo por el suelo que llevar a sus crías. Las aves tienen mucha facilidad para encontrar lo que necesitan, y en raras ocasiones se mueren de hambre. Toma un tiempo para pensar en cómo las aves obtienen su provisión. Su fuente de alimento está prácticamente fuera de su control; ¡solo tienen que estar listas para ir y encontrarla!

Tal vez te sientes inquieto por la provisión en este instante. Quizá sea algo más que la necesidad de alimento; puede que estés solo y necesites compañía, o quizá hay algunas facturas importantes que pronto llegarán y no sabes cómo las pagarás. Eres muy valioso para tu Padre celestial. Pídele su provisión, y después escucha mientras Él te indica la dirección correcta.

☐ ACTO DE BONDAD

Alimenta a los pájaros.

Vestido de desesperación

¡Cómo me alegro en el Señor! Me lleno de gozo en mi Dios, porque me ha brindado su salvación, ¡me ha cubierto de victoria! Soy como un novio que se pone su corona o una novia que se adorna con sus joyas.

Isaías 61:10, DHH

A veces, nos preocupamos demasiado por lo que vestimos y por nuestro aspecto. Tenemos demasiadas dagas de falsas verdades que vienen contra nosotros mediante las redes sociales y que nos incitan a tener cierto aspecto y a medirnos en comparación con muchos otros. No solo hacemos comparaciones cuando estamos físicamente con las personas que conocemos, ¡sino que ahora nos criticamos ante una miríada de personas que no conocemos!

Tenemos que pensar mucho más de nosotros mismos que meramente juzgarnos por nuestra apariencia externa. Tenemos una herencia muy abundante como hijos del Rey. Estamos vestidos de ropas de salvación y justicia, ¡y nos sientan maravillosamente!

❑ ACTO DE BONDAD

Lleva una bolsa de artículos usados que estén en buenas condiciones a una organización benéfica.

Maestro modelo

Muéstrate en todo como ejemplo de buenas obras,
con pureza de doctrina, con dignidad, con palabra
sana e irreprochable, a fin de que el adversario
se avergüence al no tener nada malo que decir
de nosotros.

Tito 2:7-8, NBLA

¿Recuerdas el nombre de tu maestro favorito? ¿Qué tenía que te gustaba? Tal vez era muy bueno explicando cosas o se tomaba el tiempo de ayudarte cuando no entendías algo. Quizá era muy amable contigo y te hacía sentir bien en tu aprendizaje. Esa clase de maestros son un gran modelo a imitar. Ayudan a muchos niños a entender lo que es la integridad, la dignidad y la bondad.

Dios ha dado dones a los maestros para enseñar, pero llegan con una carga de responsabilidad. Ora por los maestros que conoces en tu vida: ora por los que están quemados, o por los que están en formación. Anímalos dándoles apoyo y comprensión por lo duro que es su trabajo.

❏ ACTO DE BONDAD

Dile gracias a un maestro.

Contado como amigo

El hombre de muchos amigos se arruina,
Pero hay amigo más unido que un hermano.

PROVERBIOS 18:24, NBLA

¿Cuántos amigos tienes en las redes sociales? Si ese es uno de tus principales canales de comunicación, ¡tal vez sepas la respuesta demasiado rápido! ¿A cuántos de esos amigos realmente ves cada semana? No hay nada de malo en tener amigos en las redes sociales, pero recuerda ponerlo en perspectiva. Esas no son las personas que deberían tener el mayor impacto en tu vida o las personas a las que debas demostrar tu valía.

Hay contactos, y hay amigos verdaderos. Piensa en los amigos en tu vida que sabes que puedes confiar en ellos cuando las cosas se ponen difíciles. Piensa en quienes te escriben o te llaman a menudo para ver cómo estás. Piensa en aquellos con los que sales a comer o que pasan por tu casa para hacerte una visita. Esos son tus verdaderos amigos, y en quienes deberías invertir tiempo. Sé amable con tus contactos, pero sé leal a tus verdaderos amigos.

☐ ACTO DE BONDAD

Escribe un comentario positivo a un amigo
en las redes sociales.

Ver con claridad

Los preceptos del Señor son rectos:
traen alegría al corazón.
El mandamiento del Señor es claro:
da luz a los ojos.

SALMOS 19:8, NVI

Tal vez te hayan puesto lentes recientemente porque te cuesta leer las señales de la carretera o porque se desenfocan. A veces, nuestra vida espiritual necesita también este tipo de atención. Cuando la vida se desenfoca o las cosas se vuelven tenues, tenemos que encender una luz.

Tenemos que acudir al Señor para que las cosas se vuelvan a alinear. Esto te hará sentir que estás viviendo en un mundo que parece más brillante y más claro, lo mismo que sucede al ponerte unas lentes graduadas. No tiene que haber un gran pecado o una gran crisis para que nuestra vida se desenfoque. El trabajo, las tareas monótonas, y pequeñas distracciones pueden estropear nuestra visión poco a poco. Pídele al Señor que examine tu corazón para ver si necesitas hoy algún ajuste.

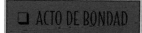

☐ ACTO DE BONDAD

Regala algunos libros nuevos o poco usados a un maestro.

No lo desperdicies

Una vez que quedaron satisfechos, dijo a sus discípulos:
—Recojan los pedazos que sobraron, para que no
se desperdicie nada.

JUAN 6:12, NVI

La conservación no es un concepto nuevo. Nos hemos convertido en una sociedad que consume mucho, y en el pasado no hicimos un buen trabajo al pensar en lo que dejamos atrás. Jesús sí pensaba en la conservación; tener demasiado significaba que habría sobras, y era importante para Él que no se desperdiciara el sobrante.

Tenemos que vivir más dentro de nuestras posibilidades para que no haya desperdicios. Y también podemos pensar más en lo que hacemos con el sobrante. Tal vez podríamos reusarlo, darle otro propósito, o redistribuirlo. Haz un pequeño esfuerzo, y en palabras de Jesús: «para que no se desperdicie nada».

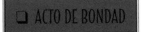

❏ ACTO DE BONDAD

Ve a dar un paseo por tu vecindario y recoge lo que veas tirado por el suelo. ¡Asegúrate de llevar guantes!

Dado y dotado

«Den, y se les dará: se les echará en el regazo una
medida llena, apretada, sacudida y desbordante.
Porque con la medida que midan a otros,
se les medirá a ustedes».

Lucas 6:38, NVI

La manera tradicional de hacer vino conlleva pisar las
uvas hasta que se aplastan del todo y sale el jugo de ellas.
Como te puedes imaginar, cuanto más se pisan más jugo
sale, y más espacio queda para poner más uvas.

Cuando das de ti mismo, podría parecerte un poco como si
te estuvieran estrujando. Es difícil dar dinero extra cuando
no tienes mucho para ti, y es difícil mostrar gratitud a
alguien que no se haya portado bien contigo. ¡Dar puede
ser difícil! Sin embargo, cuanto más das, más bondad
producirás en tu vida y en las vidas de otros. Dar crea
espacio para más.

❏ ACTO DE BONDAD

Invita a comer a alguien.

Grandes gestos

Porque toda la ley se resume en este solo mandato:
«Ama a tu prójimo como a ti mismo».

GÁLATAS 5:14, DHH

¿Te sientes cansado incluso de pensar en comenzar tu día con todas las tareas que tienes que hacer? Quizá te sientes agotado al final del día y no quieres tener que hacer ni una cosa más. Si te sientes así, es probable que haya otros a tu alrededor que se sientan igual.

Toma un momento para pensar en el día que tuvo tu vecino. ¿Son padres jóvenes que necesitan tiempo a solas? ¿Es una persona anciana que tal vez se siente un poco sola? Habrá diferentes necesidades dependiendo de quién viva a tu alrededor, y quizá ni siquiera quieres pensar en otros ahora mismo, pero ponte en el lugar de otro y piensa en lo que Jesús querría que le ofrezcas a esa persona hoy.

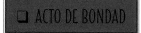

❑ ACTO DE BONDAD

Ofrécete para sacar a pasear al perro de algún vecino.

Ambicioso

Pero a los que son ambiciosos
y no obedecen a la verdad,
sino que obedecen a la injusticia:
ira e indignación.

ROMANOS 2:8, NBLA

Es fácil cegarnos con nuestras propias opiniones, situaciones y emociones. Aunque no está mal enredase en lo que ocurre en nuestra vida, no ayuda cuando solo pensamos en cómo nos afectan las cosas personalmente. ¿En qué tipo de situación estás en este momento? ¿Te aferras a una herida de hace mucho tiempo que parece que ha vuelto a asomar su lado más oscuro últimamente? ¿Estás en el proceso de tomar una decisión importante para tu vida? ¿Es la conducta de un hijo lo que te preocupa?

Toma un momento para ahondar, e intenta entender la situación desde la perspectiva de otra persona. No tienes que estar de acuerdo con su perspectiva; en cambio, piensa en lo que un maestro o un abuelo podría decirle. Aún mejor, piensa en lo que Jesús pensaría y esperaría de esa situación. No dejes que una situación se vuelva violenta. Da un paso atrás por un instante y deja que gane la gracia.

□ ACTO DE BONDAD

Deja que otra persona escoja qué ver en televisión.

Casas y corazones

Mi pueblo vivirá en un lugar pacífico,
en habitaciones seguras, en residencias tranquilas,

ISAÍAS 32:18, DHH

Hay un dicho muy conocido que afirma que el hogar es donde está el corazón. Es igualmente cierto que, si ponemos el corazón en el lugar donde vivimos, podemos conseguir que parezca más un hogar. Tal vez no disfrutas de tu casa en este momento por una u otra razón. Si estás rentando, puede que la gente con la que vives te moleste. Si eres el dueño, quizá estás cansado de todo el mantenimiento que requiere tu casa.

Para esas veces en las que estás demasiado preocupado por la vida de tu hogar, recuerda este versículo. Dios dice que su pueblo vivirá en un lugar pacífico, en habitaciones seguras, en residencias tranquilas. Aunque tal vez no sientes que esa es tu situación ahora, pasa tiempo dando gracias por lo que sí te gusta de tu casa. Comienza a invertir un poco de tu corazón en las personas con las que vives, y permite que Dios transforme tu actitud.

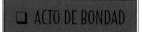

❏ ACTO DE BONDAD

Hazle el desayuno a alguien que viva en tu casa.

Hospedar ángeles

No se olviden de mostrar hospitalidad, porque por ella algunos, sin saberlo, hospedaron ángeles.

HEBREOS 13:2, NBLA

¿Te consideras una persona hospitalaria, o piensas que eso es más bien un don para otros? Hay muchas personas que parecen ser muy buenas hospedando a personas en sus casas, o preparando una función y sirviendo a las personas con alegría. La hospitalidad es algo más que organizar una buena fiesta. Claro, habrá personas que realmente tengan un don para eso, y realmente eso es importante.

Pero, al final, servir a otros tiene que ver con la actitud del corazón. Se trata de estar dispuesto a estar ahí para otro. Nunca sabes cuándo pueden surgir esos momentos. Tal vez llegue un vecino a verte para pedirte un limón, o quizá veas a una mamá que tiene dificultad para sacar la compra de su automóvil y sostener al niño en sus brazos a la vez. Puedes ser hospitalario en estos momentos tanto como en los eventos planificados. Y nunca sabes a quién podrías estar ayudando. ¡Los desconocidos también son hijos de Dios preciosos!

❑ ACTO DE BONDAD

Lávale los platos a alguien.

Paz a esta casa

Cuando entren en una casa, digan primero:
«Paz a esta casa».

Lucas 10:5, nvi

Tal vez sea un poco raro decir este versículo al entrar en casa de alguien, pero puedes intentarlo con tus propias palabras o incluso con tus acciones. La próxima vez que te inviten a la casa de alguien, haz una simple oración a Jesús pidiéndole que proteja ese hogar. Tómate el tiempo de fijarte en algunas cosas y elogiar a alguien por algo bonito que observes en su hogar.

Haz sentir bien a la gente ayudándolos y siendo cortés, en lugar de crear ansiedad y estrés. Sé consciente de las palabras que usas, y asegúrate de que sean amables y no dañinas. Vístete de la persona de Jesús y haz sentir bien a la gente en su propio espacio.

☐ ACTO DE BONDAD

Dile a alguien que su casa se ve muy linda.

Generosidad

En la casa del justo hay gran abundancia;
en las ganancias del malvado, grandes problemas.

PROVERBIOS 15:6, NVI

Podemos aferrarnos a nuestras posesiones y nuestro salario un poco más fuerte de lo debido. Trabajamos mucho para tener un salario, pero se vuelve muy fácil hacer que todo ese dinero trabaje para nosotros. A veces, quizá necesitamos un gentil recordatorio de que es Dios quien nos ha dado la capacidad de trabajar o ganar el dinero. Él se ha asegurado de proveer para nosotros.

No caigas en el camino del malvado y te aferres tanto a tu dinero que te olvides de usarlo para bien. Pídele a Dios que te muestre maneras de poder ser generoso y extender su amor aún más allá de tu familia inmediata. Deja que Cristo brille a través de tus manos abiertas.

❏ ACTO DE BONDAD

Dale a alguien una tarjeta regalo que no vayas a usar.

Confesiones

Confiésense los pecados unos a otros y oren los unos
por los otros, para que sean sanados. La oración
ferviente de una persona justa tiene mucho poder
y da resultados maravillosos.

SANTIAGO 5:16, NTV

En un hogar puede llegar a haber mucha tensión. A veces,
es el cansancio o la irritabilidad lo que puede provocar
pequeñas explosiones aquí o allá. Tal vez no te gusta el
modo en que alguien colocó los platos en el lavavajillas,
o quizá estás decepcionado porque nadie se ofreció para
recoger la casa. Quizá hiciste un comentario sarcástico que
desencadenó que alguien reaccionara en exceso, y ahora
has dejado de hablar. Quizá le gritaste a un niño por no
ponerse los zapatos cuando le dijiste que lo hiciera.

Hay veces en las que puede haber problemas más
profundos que requieren algo de trabajo. Quizá necesitas
ayuda con una relación difícil y necesitas tiempo para
que se produzca la sanidad. Asegúrate de ofrecer toda la
gracia que puedas en tu hogar. Reconoce cuando te hayas
enojado en exceso o cuando hayas sido extremadamente
sensible. Lidia con el pecado enseguida para que no eche
raíces. Haz cosas para hacer sonreír a las personas, y
demuéstrales amor con pequeñas acciones.

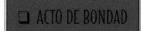

❏ ACTO DE BONDAD

Escríbele a alguien una nota de agradecimiento.

Todo va a estar bien

Y sabemos que para los que aman a Dios, todas las cosas cooperan para bien, esto es, para los que son llamados conforme a Su propósito.

ROMANOS 8:28, NBLA

Hay muchas cosas en la vida que nos sacuden hasta lo más hondo. Cuando se trata de una pérdida de trabajo, un divorcio, la pérdida de un ser querido, o una gran deuda, sabemos que será un largo viaje hasta la recuperación. Si has pasado por alguna de estas cosas extremas, sabrás cuán importante es tener personas a tu alrededor que te animen cuando parece que las cosas no tienen solución posible. Necesitas que alguien te diga que todo va a estar bien.

Por fortuna, la Palabra de Dios nos dice que todo va a estar bien. El viaje quizá sea difícil, pero al final Dios conoce tu dolor, y se interesa profundamente por ayudarte para restaurar tu vida nuevamente. Si lo miras a Él, te mostrará que puede hacer que todo sea para bien. Recuerda esto, y acuérdate también de ser el amigo que anima a otros con buenas noticias en sus momentos de mayor necesidad.

❑ ACTO DE BONDAD

Escribe una nota de ánimo en una servilleta.

Cosas nuevas y relucientes

Pero busquen primero Su reino y Su justicia,
y todas estas cosas les serán añadidas.

MATEO 6:33, NBLA

Nos encantan las cosas nuevas y relucientes, y los vendedores lo saben demasiado bien. No pasa mucho tiempo hasta que esa última novedad se convierte en la novedad del año pasado, y este año ya ha salido una versión mejor y más grande. Caemos presa de eso porque se nos olvida poner nuestros deseos en el orden correcto. Pensamos que nos encantará ese artículo nuevo y reluciente, y que siempre nos sentiremos satisfechos con él, pero este sentimiento es efímero y enseguida estamos deseando otra cosa más.

Por eso es tan importante tener fresco en tu mente y en tu corazón este versículo. Busca primero a Dios y su reino. Conocer a Dios y entender sus propósitos te hará sentir mucho más en paz que con ese artículo nuevo y reluciente. Sé parte de su plan de llevar gozo y restauración a otros.

❏ ACTO DE BONDAD

Lleva juguetes a algún albergue.

Heridas

Sana a los quebrantados de corazón
Y venda sus heridas.

SALMOS 147:3, NBLA

¿Recuerdas cuál fue la última vez que sentiste un dolor tan grande que te hizo llorar? De niño, las lágrimas salen rápidamente cada vez que te haces daño, pero según creces aprendes a controlar esas lágrimas y quizá en cambio dices algunas palabras con ira. Sin embargo, existen esos dolores y enfermedades a largo plazo, que no se van rápidamente y te dejan sintiéndote desanimado y tal vez incluso desamparado.

En esos momentos, puede ser alentador recordar que Dios conoce y se preocupa por cómo te sientes. Él quiere producir sanidad de cualquier manera posible. No siempre recibimos la sanidad milagrosa e instantánea que pedimos, pero podemos seguir pidiendo, creyendo, y esperándola. Sé agradecido porque un día todo dolor emocional y físico pasará para siempre, y Dios restaurará los años perdidos para todos los que han confiado en Él.

❑ ACTO DE BONDAD

Lleva algunos libros de colorear a algún hospital infantil.

Goloso

Come miel, hijo mío, porque es buena,
y el panal es dulce al paladar.
Así también, la sabiduría es dulce a tu alma.
Si la encuentras, tendrás un futuro brillante,
y tus esperanzas no se truncarán.

PROVERBIOS 24:13-14, NTV

Hay pocas cosas comparables con un buen café con una chocolatina, o con una taza de té con unas galletas. Nos encantan nuestros dulces, y muchas veces los usamos como premios. La comida dulce es tan agradable como la sabiduría, según este versículo. No es solo el conocimiento lo único bueno, sino que el verdadero entendimiento es lo que anima a las personas, les ayuda a sonreír, o incluso a reír.

La próxima vez que estés conversando con un amigo o colega de trabajo, intenta aprender sabiduría de lo que tenga que decir. Si esa persona lo está pasando mal, anímalo con palabras sabias de la Escritura que digan que no está solo. Encuentra cosas buenas de las que hablar que fomenten la dulzura de la sabiduría. Puede ser un paso en tu viaje hacia la restauración de tu alma.

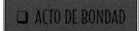

❏ ACTO DE BONDAD

Invita a algún camarero a un postre.

Leer y aprender

A estos cuatro jóvenes Dios los dotó
de sabiduría e inteligencia para entender
toda clase de literatura y ciencia.
Además, Daniel podía entender toda
visión y todo sueño.

DANIEL 1:17, NVI

Se suele decir que lo mejor que se puede hacer por la educación de un niño es animarlo a que disfrute de la lectura. Tal vez piensas que leer no es realmente lo que te gusta, o quizá has crecido con la nariz metida en un libro. En verdad no se trata tanto de si eres bueno o no para la lectura, sino más bien de saber si estás encontrando ese algo que siga captando tu interés.

Daniel era un joven conforme al corazón de Dios. Cuando recibió libros para aprender acerca de Dios y su creación los devoraba, y se hizo tan versado que podía entender todo tipo de visiones y sueños. Encuentra un tema que te haga sentir vivo cuando leas sobre ello, y comienza tu viaje de aprendizaje.

❏ ACTO DE BONDAD

Dale tu libro favorito a algún amigo.

Fe y obras

Porque así como el cuerpo sin el espíritu está muerto,
así también la fe sin las obras está muerta.

SANTIAGO 2:26, NBLA

Un cuerpo no es menos cuerpo cuando no tiene espíritu,
pero verdaderamente no representa lo que es una persona
hasta que respira, se mueve, y habla. Del mismo modo,
nuestra fe sigue siendo fe, pero realmente no representa a
Cristo hasta que se mueve y habla.

Hay veces en las que tal vez te has sentido condenado
porque no has hecho lo suficiente con tu fe. Este tipo de
pensamiento no viene de Dios. No te ganas la salvación
mediante las obras; la salvación ya la tenemos a través de
Jesús. Sin embargo, puedes convertirte en una hermosa
representación de Cristo cuando decides darle vida a tu fe
mediante tus buenas acciones.

❏ ACTO DE BONDAD

Deja una nota amable en el automóvil de alguna persona.

Buenos días

El amor más grande que uno puede tener
es dar su vida por sus amigos.

JUAN 15:13, DHH

Toma un momento para pensar en la clase de amor
que Jesús mostró a la humanidad. El amor de Cristo es
amor sacrificial: un amor que se demostró al entregarse
por completo por causa de otro. Como seres humanos,
nacimos para ser supervivientes, lo cual significa que de
modo natural hacemos cosas para proteger nuestra vida
y nuestro sustento. Por lo tanto damos, pero no damos
demasiado. Compartimos nuestras ideas, pero no nos
hacemos demasiado vulnerables. Damos a conocer algunas
de nuestras opiniones, pero no lo suficiente como para que
parezcamos necios.

Probablemente tardaríamos toda una vida en entender
verdaderamente lo que significa en realidad entregar la
vida por alguien. Por fortuna, Jesús lideró con el ejemplo.
Tenemos a alguien que modeló humildad, bondad, y
dominio propio. Él es la fuente para vivir un amor sacrificial.
Mira su luz y deja que su amor brille en otros a través de ti.

❑ ACTO DE BONDAD

Envía a tres amigos este mensaje: «Buenos días».

Llama a tu mamá

Pero ¿acaso una madre olvida
o deja de amar a su propio hijo?
Pues aunque ella lo olvide,
yo no te olvidaré.

Isaías 49:15, DHH

¿Te encuentras en la etapa de la vida donde estás tan ocupado con los hijos que se te olvidan citas programadas para tomar café con amigos o el ensayo de música de tus hijos? Tal vez recibiste una llamada de tu propia mamá pidiéndote que le imprimieras algo de tu computadora, ¡por enésima vez! Las mamás pueden ser olvidadizas, pero nunca se olvidan de sus hijos. En la rara ocasión en que eso les suceda, Dios nos recuerda que Él nunca se olvida. Él es el padre perfecto que siempre estará atento a tus necesidades, reafirmándote y siendo la calma en medio de la tormenta.

Algunos quizá tenemos mamás que también son amigas de verdad, y otros tal vez estamos un poco distantes. Hay otros que puede que ya hayan perdido a su mamá. Toma un tiempo para orar por tu mamá y por tu relación con ella.

❏ ACTO DE BONDAD

*Llama a tu mamá (o alguna figura materna en tu vida)
y dile cuánto la aprecias.*

Menospreciado

Samuel preguntó: «¿Son estos todos tus hijos?».
Isaí respondió: «Aún queda el menor, es el que está
apacentando las ovejas». Samuel insistió:
«Manda a buscarlo, pues no nos sentaremos
a la mesa hasta que él venga acá».

1 SAMUEL 16:11, NBLA

Cuando Samuel fue guiado a encontrar al nuevo rey de Israel, Isaí primero le mostró todos los hijos que él pensaba que podían ser aptos para ser rey; sin embargo, Dios tenía otros planes. A Él no le preocupaba su edad o su habilidad, pues miraba el corazón.

Tal vez eres alguien que sientes que te han menospreciado mucho. Podría ser por tu edad, por tu aspecto, o por tu educación académica. Esas cosas no importan nada ante los ojos de Dios. Él mira tu corazón y piensa que eres asombroso porque fuiste creado a su imagen. Quizá también conoces a alguien que constantemente es menospreciado por razones similares. Pasa un tiempo orando para que otros vean su corazón y lo valoren y reconozcan.

❏ ACTO DE BONDAD

Dile al supervisor de alguien cuán estupendo es.

El valor de dos

El hierro se afila con el hierro,
y el hombre en el trato con el hombre.

PROVERBIOS 27:17, NVI

¿Tienes algún amigo con quien puedes mantener conversaciones profundas? Hay algunas amistades en las que inviertes mucho de ti mismo, pero no necesariamente llegan a nada. Quizá te pones al día y tienes una conversación a nivel superficial, pero al final de la conversación no sientes esa energía o satisfacción.

También están esas conversaciones en las que se retan los unos a los otros con nuevas ideas, intentando pensar en versículos de una manera distinta, o hablando sobre cómo se podría mejorar el mundo. Aférrate a esas amistades, y saca tiempo para esas personas quizá más que para otros. Déjate afilar por alguien que sea bueno, considerado, y creativo como tú.

❏ ACTO DE BONDAD

Prepara dos meriendas: una para ti y la otra para regalar.

Pronto auxilio

Dios es nuestro refugio y fortaleza,
Nuestro pronto auxilio en las tribulaciones.

SALMOS 46:1, NBLA

Vivimos en un mundo lleno de desconfianza y opiniones polarizadas. En tiempos en los que deberíamos ser capaces de acudir a las autoridades en busca de ayuda, incluso cuestionamos a esas autoridades. Nuestra fuerza policial quizá no sea perfecta, pero hay muchos hombres y mujeres que han dedicado sus vidas al bien público y que tienen intenciones honestas y rectas.

Toma un tiempo hoy para dejar a un lado tus sentimientos y orar por los que intentan desesperadamente ayudar en un mundo muy quebrado. Nadie es perfecto, y nadie hace su trabajo a la perfección. Ora pidiendo que el ánimo, la sabiduría, y la verdad prevalezcan en nuestro sistema de justicia.

❑ ACTO DE BONDAD

Lleva galletas o dulces a tu comisaría de policía local.

Dominio propio

Pues Dios no nos ha dado un espíritu de temor,
sino un espíritu de poder, de amor y de buen juicio.

2 TIMOTEO 1:7, DHH

Hay demasiadas cosas en esta vida que nos hacen sentir enojo. Podemos perder la paciencia con un adolescente que sigue respondiéndonos, ¡o con un cachorro que no para de hacer agujeros! Hay veces en las que nuestro cónyuge quizá dice algo poco amable y respondemos con otra respuesta igualmente poco halagadora dirigida a su carácter.

En los momentos en que estés calmado, toma unos minutos para pensar en qué cosas provocan tus respuestas. ¿Es porque estás preocupado por ese adolescente, porque no te gustan los problemas, o porque no estás seguro de lo que tu cónyuge debería sentir por ti? Trata esos asuntos más profundos y pídele al Espíritu Santo que te guíe alejándote del temor y llevándote hacia su amor. Encuentra algunas maneras, lejos de tu enojo, para no perder el control.

❑ ACTO DE BONDAD

Deja entrar a alguien a tu carril en la carretera.

Molesto

Más vale habitar en el desierto
que con mujer pendenciera y de mal genio.

PROVERBIOS 21:19, NVI

¡Vaya! ¿No te hace sentir este versículo un poco de vergüenza por el modo en que has podido molestar a alguien últimamente? Tal vez ya te sientes enojado por pensar en cómo te han molestado a ti. Quizá hay buenas razones para que la gente siga pidiéndote que hagas algo. Puede que tus alumnos necesiten que corrijas sus tareas, tu mamá necesita ir a recoger su medicamento, ¡o tus hijos tienen mucha hambre!

Las molestias pueden ser irritantes, pero a veces tenemos que responder y hacer lo que hay que hacer. Del mismo modo, reconoce cuando tú irrites a alguien con tu persecución incesante. Da un paso atrás y envía una oración al cielo. Tal vez sea más eficaz si el Espíritu Santo les da un toquecito en el hombro.

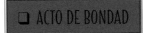

☐ ACTO DE BONDAD

Termina una tarea que alguien te haya pedido hacer.

Prestar al Señor

Servir al pobre es hacerle un préstamo al Señor;
Dios pagará esas buenas acciones.

PROVERBIOS 19:17, NVI

¿Has dejado algunas monedas en alguna caja como donativo últimamente, o has renovado tu apadrinamiento de algún niño de un país en desarrollo? Justo cuando piensas que has hecho tu buena acción del año, recibes una llamada o una carta de esa organización benéfica pidiéndote más. Antes de tirar esa carta o responder que ya has dado suficiente, toma un momento para pensar en este versículo.

¿Y si Jesús te estuviera pidiendo dar solo un poquito más para ayudar a alguien a conseguir comida, hogar o medicina? ¿Dirías que no? No deberías sentirte obligado a dar más de lo que puedes, pero quizá solo una extensión de tu caridad, algo que pueda pellizcar un poquito más este mes, realmente te daría una oportunidad de saber dónde está tu tesoro. Imagínate la recompensa de Jesús sonriéndote y diciendo: «Muchas gracias. Te amo».

❏ ACTO DE BONDAD

Dona a alguna organización benéfica.

Propina en las propinas

Cada uno debe decidir en su corazón cuánto dar;
y no den de mala gana ni bajo presión,
«porque Dios ama a la persona que da con alegría».

2 CORINTIOS 9:7, NTV

El final de una cena fuera de casa significa tener que pensar en una propina. A menudo, hay pautas útiles en el recibo que te dan una idea de cuál podría ser el porcentaje. Por desgracia, cuando nos vemos obligados a dar una propia, realmente no sentimos que es algo que estamos haciendo con un corazón agradecido. En lugar de pensar en la propina obligatoria, piensa en lo extra.

No siempre tienes que dar una gran propina, pero podrías hacer que el día de alguien fuera muy distinto si decides ser generoso. Tal vez incluso con alguien que no se lo merece. Piensa en las veces que has experimentado la gracia y la provisión de Jesús, y acuérdate de que otros se merecen ese tipo de gracia tanto como tú.

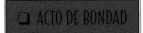

□ ACTO DE BONDAD

Deja una propina en la jarra de propinas.

Humos y espejos

Pónganse toda la armadura de Dios
para poder mantenerse firmes contra todas
las estrategias del diablo.

EFESIOS 6:11, NTV

¿Alguna vez has ido a un espectáculo de magia o has visto una ilusión óptica que sabes que desafía toda lógica, pero aun así consigue hacerte dudar de lo que crees que es cierto? El corazón y la mente también pueden caer presa del engaño si no estamos en guardia para protegerlos de la duda. El diablo tiene muchas estrategias para hacerte dudar de la existencia de Dios, o de la bondad de Dios, o incluso hacerte perder la fe en ti mismo.

Cuando te miras en el espejo, Dios quiere que veas su verdad sobre ti. Eres hermoso, eres único, y eres amado. Asegúrate de ponerte la armadura que declara su verdad sobre tu vida, y prepárate para estar firme contra las mentiras del engañador.

❑ ACTO DE BONDAD

Pon una nota adhesiva de ánimo en el espejo del baño.

Batalla

Pues Tú me has ceñido con fuerza para la batalla;
Has subyugado debajo de mí a los que contra mí
se levantaron.

SALMOS 18:39, NBLA

Cuando ves películas o lees libros de guerra, parece que están a toda una vida de distancia, pero hay personas vivas hoy que tuvieron que servir en el pasado o quizá incluso estén participando en alguna guerra hoy día. Puede que no tengamos que librar guerras físicas, pero tenemos nuestras propias batallas con quienes nos rodean, e incluso experimentamos numerosas batallas internas.

La guerra se trata, por desgracia, del poder y de quién toma la delantera. A menudo, nuestras batallas personales tienen que ver con eso también. Dios te equipa con la fuerza para enfrentar las batallas no para que seas mejor que otro, sino para que puedas vencer el mal. Ríndete hoy a Él.

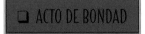

❏ ACTO DE BONDAD

Dile gracias a algún militar en activo o a un veterano.

Junio

Más bien, sean bondadosos y compasivos
unos con otros, y perdónense mutuamente,
así como Dios los perdonó a ustedes
en Cristo.

EFESIOS 4:32, NVI

Amor duradero

Pero el que tiene bienes de este mundo,
y ve a su hermano en necesidad
y cierra su corazón contra él,
¿cómo puede morar el amor de Dios en él?

1 JUAN 3:17, NBLA

¿Alguna vez te sucedió que después de leer un buen libro o de ver una buena película estuviste el resto del día pensando en ello, casi como si fueras uno de los personajes o como si la trama realmente te hubiera sucedido a ti? Las historias pueden llegar a absorbernos, así que ¿por qué no dejas que la historia de Cristo absorba hoy tu corazón?

Dedica un rato a leer un capítulo o ver una historia bíblica, y después métete en esa historia. Date permiso a ti mismo para escuchar a Jesús como si te estuviera hablando a ti directamente. Imagínate mirando a quienes te rodean mientras escuchan a Jesús. Imagínate ver a uno de tus amigos siendo sanado. Nosotros estamos en la historia de Cristo, al margen de que esté escrito o no. Al situarte en esta historia de nuestra fe, deja que el amor de Jesús llegue hasta tus acciones hacia los demás. Sé Jesús para los que te rodean.

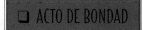

❏ ACTO DE BONDAD

Dale a alguien algo de dinero sin ningún motivo.

Ahí está tu corazón

Porque donde esté tu tesoro,
allí estará también tu corazón.

MATEO 6:21, NBLA

Este versículo es muy conocido, lo cual es bueno porque podemos recordarlo y vivir conforme a él. Piensa en las cosas que te hacen feliz o en las cosas que te motivan en la vida. Podría ser algo tan simple como tu familia y tus amigos, pero también podría ser un instrumento que tocas, el automóvil que te acabas de comprar, o la carrera que estás estudiando. Dedicamos nuestro tiempo y nuestras energías a muchas cosas, y es útil detenernos y preguntarnos qué es lo que valoramos realmente.

Si sientes que quizá estás dedicando tu tiempo a cosas erróneas, pasa unos minutos encomendando de nuevo tu corazón a Jesús. Deja que el Espíritu Santo te hable sobre lo que es importante para Él ahora mismo. Deja que te guíe hacia las cosas y las personas que realmente son importantes. Responde valorando tus relaciones y dejando que el amor que Jesús ha puesto en tu corazón brille.

❏ ACTO DE BONDAD

Invita a almorzar a un amigo.

Tuvo compasión de ellos

Al desembarcar, Jesús vio una gran multitud,
y tuvo compasión de ellos, porque eran
como ovejas sin pastor.

MARCOS 6:34, NBLA

Cuando Jesús veía a las multitudes, no solo las veía como una molesta muchedumbre; las veía como personas con necesidades. Así como una oveja sin pastor, las personas están perdidas y necesitan nuestra ayuda. A veces las necesidades son obvias, como ayudar con un recién nacido o dar de comer al hambriento. Otras necesidades son más profundas, como la necesidad de tener un amigo, o de ser sanado de un dolor emocional.

¡Jesús tiene compasión! Y, como conocemos a este Jesús que ama, nosotros también podemos compadecernos de otros. Él es capaz de proveer para tus necesidades, y te dará la fuerza para ayudar a otros en las suyas.

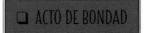

❑ ACTO DE BONDAD

Da un abrigo que no esté muy usado a una persona sin techo.

Caídos

El Señor abre los ojos a los ciegos,
El Señor levanta a los caídos,
El Señor ama a los justos.

SALMOS 146:8, NBLA

A nuestro Dios le encanta restaurar la vida de su creación. Cuando Jesús vino a la tierra sanó muchas necesidades físicas, devolviendo la salud a las personas. Pero algo mayor que la sanidad física es que Jesús vino para restaurar nuestro quebranto espiritual. Él abrió ojos a la verdad, ministró a los pobres de espíritu, y restauró la justicia a creyentes.

Qué bendición es que Jesús te haya abierto los ojos, que siempre te levante en tiempos difíciles, y que te ame solo porque has escogido el camino de la justicia. Deja que el Dios de ánimo y restauración sea tu fuerza para animar a otros que podrían sentirse mal hoy.

❏ ACTO DE BONDAD

Invita a un amigo a un café.

Aprendizaje aumentado

> Instruye al sabio, y se hará más sabio;
> enseña al justo, y aumentará su saber.

PROVERBIOS 9:9, NVI

El escritor de estas palabras sabía que una persona sabia no es solo aquella que tiene mucho conocimiento. La persona sabia es aquella que escucha la instrucción, y sigue buscando caminos sabios. Del mismo modo, la persona justa es la que quiere aumentar la verdad que ya conoce.

¿Tienes el corazón abierto a recibir instrucción? ¿Quieres aumentar tu conocimiento de la verdad de la Palabra de Dios? Dios se deleita en que lo busques, y te instruirá y enseñará a ser todavía más sabio si se lo pides.

❏ ACTO DE BONDAD

Regálale un libro edificante a un amigo.

Siembra paz

Y la semilla cuyo fruto es la justicia
se siembra en paz por aquellos que hacen la paz.

SANTIAGO 3:18, NBLA

Los caminos de la paz dan a luz la justicia. Hay veces en que no se puede evitar el conflicto, pero adoptar el papel de un pacificador es a menudo mucho mejor que salirte con la tuya. Para ser un pacificador es necesaria la humildad y el deseo del bien mayor. Uno de los muchos nombres de Jesús es Príncipe de Paz. Él es nuestro mejor ejemplo de lo que significa sembrar paz y hacer la paz. Él vive en ti, y al acercarte a Él tienes la fortaleza para experimentar paz en tiempos difíciles y llevar paz en tiempos de conflicto.

Piensa en una situación que te parezca difícil ahora mismo, o piensa en una persona que parezca estar atribulada. Permite que el Espíritu Santo te dé maneras de poder llevar paz a cualquiera de esas situaciones.

ACTO DE BONDAD

Cede tu lugar de estacionamiento.

Dios creó

Dios vio todo lo que había hecho;
y era bueno en gran manera.

GÉNESIS 1:31, NBLA

No cabe duda de que, cuando miras todas las criaturas del mundo tan distintas, debe haber existido una mente pensante detrás de todo ello. Realmente no importa lo que creas sobre los orígenes de la creación; Dios lo creó todo. Solo tienes que ver Discovery Channel para quedarte absolutamente impresionado por los detalles tan complejos y la inteligencia de la naturaleza.

Dedica un tiempo a apreciar la complejidad y los misterios de los caminos de Dios. No solo se ven en cosas que no entiendes, sino también en cosas sencillas que sí entiendes. Observa el color de una flor, disfruta de la suavidad de las orejas de un perro, o escucha el sonido de los pájaros en la mañana. Cuando Dios lo creó, fue bueno en gran manera.

ACTO DE BONDAD

Lleva premios a un parque de perros.

La cruz totalmente suficiente

Para no quitarle valor a la muerte de Cristo en la cruz.

1 Corintios 1:17, NBV

Este versículo enmarca la sabiduría del pasado, el presente y el futuro. El sufrimiento, la muerte y resurrección de Jesús es la sabiduría de Dios. También es el poder de Dios para redimirlo todo. Comer sano, hacer ejercicio físico, o restricciones en las redes sociales nos demuestran cuán frecuentemente deseamos tener una vida mejor. Los modelos a seguir exitosos nos dan pequeñas exquisiteces de sabiduría para mantenernos en este camino, pero la sabiduría de la que habla Pablo es eterna.

Los dichos sabios y los buenos consejos pueden tocar el presente, pero la sabiduría que fortalece el alma eterna es mucho mejor. Ese tipo de consejo comienza con el regalo de Dios de la cruz. Según creces en sabiduría, desarrolla tu confianza en el valor de la suficiencia total de la cruz, y anima a otros en su entendimiento de la vida dada por un Creador y Padre bueno.

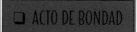

ACTO DE BONDAD

Escribe una nota de ánimo y déjala en el escritorio de alguien.

Lleva las cargas

Lleven los unos las cargas de los otros,
y cumplan así la ley de Cristo.

GÁLATAS 6:2, NBLA

Una de las mejores cosas sobre los amigos cercanos y la familia es que puedes confiar en que te ayudarán en tus dificultades. Seguro que no te resulta difícil pensar en alguna ocasión en la que estabas enojado o te sentías abrumado y pudiste acercarte a alguien que realmente se preocupa por ti. Y también tú eres capaz de ayudar a otros con sus problemas cuando se cambian las tornas. Esta es una ley sencilla de Cristo: amar a otros como te amas a ti mismo.

Serás bendecido al ayudar a otros, pero quizá se te ocurren formas de poder aplicar esto a escala mayor. ¿Podría tu escuela ayudar a otra escuela? ¿Podría tu iglesia ayudar a alguna asociación benéfica de tu zona? ¿Puede tu lugar de trabajo ofrecer apoyo a un pequeño negocio que tenga alguna necesidad? Tienes espacio para pensar a lo grande en el reino de Dios.

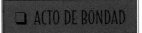

❏ ACTO DE BONDAD

*Pon en el internet un comentario positivo
de un negocio local.*

Con orden

Pero todo debe hacerse de una manera apropiada y con orden.

1 CORINTIOS 14:40, NVI

El tipo de orden del que hablan las Escrituras en este versículo tiene los servicios de iglesia como contexto y lo que sucedía en ese entonces. Aun así, hay un reconocimiento común de que el orden ayuda a que las cosas no se descontrolen, y da a las personas una guía y paz sobre lo que va a ocurrir. A veces, las personas se sienten mejor con su situación cuando el espacio que les rodea está ordenado y limpio.

Nuestro entorno físico puede influir mucho en cómo nos sentimos. Dedica un momento a contemplar el espacio en el que estás ahora mismo, y piensa en si necesitas o no organizarlo un poco o estar en un entorno de más paz.

❏ ACTO DE BONDAD

Pasa la aspiradora a algún espacio compartido.

Habilidades transmitidas

Dios, de su gran variedad de dones espirituales, les ha dado un don a cada uno de ustedes. Úsenlos bien para servirse los unos a los otros.

1 Pedro 4:10, ntv

¿Te gusta cocinar, o la jardinería, o tocar un instrumento? Si piensas en cosas que disfrutas, probablemente también te acordarás del momento en que aprendiste a hacerlas. Dios ha dotado a todos de diferentes talentos y habilidades, y nos gusta que nos enseñen o transmitir la habilidad a otros.

Dale gracias a Jesús por los dones que has recibido o que eres capaz de transmitir a otros. Es un gozo cuando ves a alguien dominar algo que no sabía hacer antes, y experimentar la satisfacción cuando otros han creado algo hermoso. La comunidad de aprender y transmitirlo es algo verdaderamente inspirado por Dios.

❏ ACTO DE BONDAD

Enséñale a alguien algo que sabes hacer.

Descubrimiento

> Pero si vivimos en la luz, así como Dios está en la luz, entonces hay unión entre nosotros, y la sangre de su Hijo Jesús nos limpia de todo pecado.
>
> 1 JUAN 1:7, DHH

¿Alguna vez has visto Discovery Channel y te has maravillado de lo poco que conoces del planeta? Hay muchas cosas por descubrir sobre la creación de Dios, y es impactante cuando aprendes algo que no sabías. Puede ser incluso más abrumador pensar en el resto de cosas ¡que aún no conoces!

Por fortuna, servimos al Dios que creó todas las cosas, y Él las entiende perfectamente. Del mismo modo, cada persona que Dios creó tiene su propio aspecto, carácter, y experiencia. Hay mucho por conocer sobre los demás, y con el fin de mejorar las relaciones es bueno conocer a las personas a un nivel más profundo. Experimentamos una reconfortante sensación de comunidad y confianza unos con otros cuando sentimos que nos conocen de verdad.

☐ ACTO DE BONDAD

Descubre algo nuevo sobre algún compañero de trabajo.

Canas

Las canas son una honrosa corona
que se obtiene en el camino de la justicia.

PROVERBIOS 16:31, NVI

Con el paso de los años vamos ganando experiencia,
conocimiento y entendimiento. Por eso no deberíamos
desesperarnos aunque aparezcan algunas canas más,
alguna mancha de la edad, o alguna arruga. Son señales
de que hemos viajado por la vida con Dios a nuestro lado.
Pasaremos por sufrimientos y alegrías; cometeremos
errores y los superaremos. Aprenderemos a encontrar
paz y fortaleza para soportar y aprender a apreciar lo que
hemos aprendido acerca de Dios, de nosotros mismos, y
de otros.

Siempre hay alguien de más edad y más sabio que tú que
sigue con su vida; ellos han obtenido esa sabiduría un poco
antes que tú. Dedica un tiempo a escuchar y aprender de
los que tienen más canas que tú.

❏ ACTO DE BONDAD

*Pregúntale a alguien de edad sobre su pasado
y escucha su historia.*

Sin márgenes

Les digo todo esto para que encuentren
paz en su unión conmigo. En el mundo, ustedes
habrán de sufrir; pero tengan valor:
yo he vencido al mundo.

JUAN 16:33, DHH

Podemos ponernos tantas cosas en el plato, que a veces
parece que se nos juntan todas. Quizá has quedado con
alguien para ayudarle con su proyecto de la escuela, o te
has ofrecido como voluntario para ayudar en el siguiente
evento de la iglesia, mientras a la vez tienes tu propio
trabajo o exámenes que atender.

Cuando nos vemos en situaciones así, significa que no
tenemos márgenes laterales para lidiar con todo. Así que
terminamos inquietándonos fácilmente, no comemos o no
dormimos bien, y no encontramos la paz porque nuestra
mente y nuestro cuerpo no ha podido hacer algo relajante.
Pídele al Espíritu Santo que te ayude a priorizar las
necesidades que debes suplir, y aprende de esta vez para
decir no a cosas cuando sepas que ya tienes muchas cosas
pendientes.

❏ ACTO DE BONDAD

Deja que alguien pase delante de ti en la fila.

En todo

Pues en todo nos recomendamos a nosotros mismos
como ministros de Dios, en mucha perseverancia,
en aflicciones, en privaciones, en angustias.

2 Corintios 6:4, nbla

Es más fácil ser amable cuando las cosas nos van bien.
A veces, el sol brilla sobre todo lo que hacemos, y nos
ocupamos de hacer sentir a los demás que son amados y
aceptados. Pero ¿qué sucede cuando estamos pasando
por dificultades de algún tipo? Los problemas causan
estrés, y el estrés puede llevarnos a ser menos compasivos,
menos pacientes, y a veces sencillamente desagradables.

Examina hoy tu corazón para ver si los problemas
que enfrentas están afectando tu capacidad para ser
compasivo con otros. Pídele a Jesús que sane tu corazón
y que libere tus palabras y acciones para ser más amoroso
con los que te rodean.

☐ ACTO DE BONDAD

*Dale un masaje en los pies a algún familiar
con el que vives.*

Reunirnos

Cuando nos encontremos, quiero alentarlos
en la fe pero también me gustaría recibir aliento
de la fe de ustedes.

ROMANOS 1:12, NTV

Hay algo maravilloso en reunirse para tomar café o un postre. Eso no es solamente un pequeño placer, sino que establece el tono para mantener una buena conversación. Probablemente tienes muchas conversaciones a lo largo de tu día, pero es bueno ser intencional con las personas en tu vida que aportan algo en la edificación de tu fe.

Dedica un tiempo para reunirte con otro creyente y comparte con él lo que Dios te ha estado enseñando recientemente. Hazle preguntas. Aprovechen esos momentos juntos para animarse el uno al otro y lidiar con esas preguntas difíciles de la fe. Inviten a Jesús a su tiempo y observen el crecimiento en sus vidas mientras experimentan el gozo de reunirse.

❏ ACTO DE BONDAD

Sal con algún amigo.

Trabajos

Además, la gente debería comer, beber
y aprovechar el fruto de su trabajo,
porque son regalos de Dios.

ECLESIASTÉS 3:13, NVI

¿Qué ocupa la mayor parte de tu día? Quizá eres una mamá que cuida de niños pequeños todo el día. Tal vez estás en una oficina redactando reportes, analizando datos, o ayudando a las personas a organizar sus agendas. Quizá eres alguien que trabaja fuera limpiando jardines, montando muebles, o midiendo la calidad de las aguas. Hay muchos trabajos distintos que Dios les ha dado a las personas: trabajos remunerados y no remunerados.

Aunque no siempre disfrutemos de nuestro trabajo, estamos contribuyendo de una forma muy valiosa a la sociedad en la que vivimos. Dedica un tiempo a pensar en cómo tu trabajo aporta algo a otros. Encuentra alguna satisfacción en que tu trabajo no es en vano. Y no te olvides de disfrutar del fruto de tu trabajo, pues es un regalo de Dios.

❏ ACTO DE BONDAD

*Reparte botellas de agua a personas
que estén trabajando bajo el sol.*

Unidos

Sobre todo, vístanse de amor, lo cual nos une
a todos en perfecta armonía.

COLOSENSES 3:14, NTV

¿Te cuestionas a veces la forma en que está establecida la
iglesia, cómo funciona, y cuál es su propósito? Al enfrentar
todo tipo de incertidumbres, incluyendo la capacidad
que tiene el gobierno de impedir que nos reunamos para
celebrar nuestra fe, nos hace bien pensar en las cosas que
a menudo damos por sentadas.

Tal vez te sentías obligado a ir a la iglesia, o a ese estudio
bíblico, pero cuando el mundo exterior te impide hacer
esas cosas, te das cuenta de cuán maravilloso es poder
estar con otros creyentes. Además de lo que piensas
durante la adoración, los sermones y el trabajo voluntario
en la iglesia, ¿puedes ver que en realidad es el amor lo
que nos une? Por encima de todo, procura estar con otros
simplemente porque es un modo de compartir el amor que
Dios nos ha dado gratuitamente.

❑ ACTO DE BONDAD

Cómprale un regalito a alguien solo porque le amas.

Tres cosas

Tres cosas hay que son permanentes:
la fe, la esperanza y el amor;
pero la más importante de las tres es el amor.

1 Corintios 13:13, dhh

¿Qué es lo que más anhelas en esta vida? ¿La belleza, el éxito laboral, casarte, tener hijos? ¿Quieres hacer algo importante como escribir un libro o inventar algo? Todas esas cosas son válidas, y todos tenemos dones para usar que nos pueden ayudar a lograrlas. Son dones que Dios nos ha dado, ¡así que no los ignores!

Cuando se trata del reino de los cielos, realmente no hay nada que supere tu fe, tu esperanza de restauración, y el amor. Este versículo destaca que el amor los supera a todos. Fue el amor de Dios lo que nos creó, el amor de Jesús lo que nos salvó, y el amor del Espíritu Santo lo que nos sigue recordando que somos amados. Camina en este amor y deja que todo lo demás esté en consonancia con este hermoso premio.

❏ ACTO DE BONDAD

Invita a alguien a comer.

Banquete continuo

Para el abatido, cada día acarrea dificultades;
para el de corazón feliz,
la vida es un banquete continuo.

PROVERBIOS 15:15, NTV

Gran parte de nuestra vida tiene que ver con la perspectiva. Podemos enfrentar el mismo día y las mismas circunstancias con lentes totalmente distintas. Volcar un bol de cereales podría enojarnos, pero también podría hacernos reír. Un entrenamiento que se suspende podría verse como una frustración o como una oportunidad de descansar de tu apretada agenda.

Pídele a Jesús que te ayude a abordar el día con una mente y un corazón positivos. Trabaja en el hecho de no hacer montañas de granos de arena, y apreciar las pequeñas bendiciones de tu vida. ¡Convierte tu hambruna en una fiesta!

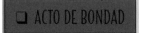

❏ ACTO DE BONDAD

Haz reír a alguien.

Heredar el viento

El que turba su casa, heredará viento,
Y el necio será siervo del sabio de corazón.

PROVERBIOS 11:29, NBLA

¿Creciste en un hogar con personas que descargaban libremente sus emociones, o pertenecías más a una familia que se guardaba las cosas para sí? Ninguna de las dos cosas está mal, pero hay veces en las que podemos ser instigadores o agitadores de problemas en nuestros hogares. Podemos estar de mal humor y establecer con ello un ambiente propicio para una cena tensa. Podríamos discutir solo porque nos gusta hacerlo. Podríamos gastarle una broma a alguien por su nuevo corte de cabello.

Las casas están llenas de problemas, pero también pueden ser nuestra mejor fuente de gozo. Toma un tiempo hoy para apreciar a las personas con las que vives. Dale gracias a Dios por ponerlas en tu vida, y descubre lo que puedes hacer para ser un pacificador.

☐ ACTO DE BONDAD

*Haz alguna tarea que le corresponda
a algún integrante de tu hogar.*

Mejorado con los años

No me rechaces en el tiempo de la vejez;
No me desampares cuando me falten las fuerzas.

SALMOS 71:9, NBLA

Nadie está deseoso de envejecer, pero hay algo maravilloso en las personas que han pasado mucho tiempo en esta tierra. Nuestras generaciones pasadas han visto muchas cosas cambiar durante el transcurso de su vida; son capaces de recordar cómo era el mundo antes, y pueden ver cómo se está desarrollando ya el futuro. En cierta forma, están más cerca de estar con Dios que los demás.

La próxima vez que tengas la oportunidad de estar con una persona anciana, escucha atentamente sus historias y aprecia la vida que ha vivido. Ora para que Dios continúe usándolos para fortalecer y dar esperanza a la siguiente generación.

☐ ACTO DE BONDAD

Dona flores a una residencia de ancianos.

En equilibrio

El Señor reprueba las balanzas falsas
y aprueba las pesas exactas.

PROVERBIOS 11:1, DHH

Las empresas harán todo lo posible por conseguir dinero. Eso significa que te seducirán con descuentos o una propaganda astuta, y después te mantendrán enganchado con más ofertas especiales. Deberíamos ser sabios en cuanto a cómo gastamos el dinero, particularmente en tener cuidado con el tipo de negocio donde ponemos nuestro dinero.

En estos tiempos, hay empresas que intentan devolver a la comunidad de alguna forma. Algunas podrían intentar ser más responsables con el entorno, o dar los sobrantes a los necesitados. Procura apoyar a esas empresas que no solo existen para ellas mismas. Deja que el amor de Dios brille en todo tipo de aspectos.

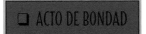

❑ ACTO DE BONDAD

*Escribe un buen comentario en el internet
para algún restaurante que te guste.*

Trabajadores hábiles

¿Has visto a alguien realmente hábil en su trabajo?
Servirá a los reyes en lugar de trabajar
para la gente común.

PROVERBIOS 22:29, NTV

Cuando piensas en alguien a quien verdaderamente te
gusta ver o escuchar, ¿qué viene a tu mente? Hay muchas
personas que tienen habilidades admirables, pero ¿qué es
lo que hace que alguien brille en un lugar de trabajo o un
entorno social? Es probable que se trate más del modo
en que esa persona hace sentir a otros. Puede que sepan
escuchar muy bien, o animar, o trabajar bien en un entorno
de equipo. Puede que inspiren a otros a hacer cosas.

Muchas veces en la vida vemos que se recompensa la
arrogancia y autoconfianza en lugar de las habilidades de
la diligencia y la gracia. Pídele a Dios que te dé un carácter
verdaderamente competente para que seas reconocido por
las cosas correctas.

❏ ACTO DE BONDAD

*Envía un correo electrónico de agradecimiento
a alguien que admiras.*

Piedras y abrazos

Tiempo de lanzar piedras,
y tiempo de recoger piedras;
Tiempo de abrazar,
y tiempo de rechazar el abrazo.

ECLESIASTÉS 3:5, NBLA

La sabiduría de Dios no siempre es en blanco y negro. Hay contexto para cuando es correcto hacer cosas y para cuando no es correcto hacer cosas. Por ejemplo, ahorrar dinero puede ser correcto en un contexto, pero puede ser igualmente correcto dar de tu dinero en otra situación. Del mismo modo, un abrazo puede ser apropiado cuando un amigo necesita consuelo, pero quizá no sería apropiado durante una pandemia. Por eso, las Escrituras hablan de tiempos y momentos.

Piensa en el tiempo en el que estás ahora mismo, y pídele al Espíritu Santo que te haga saber qué es lo correcto hacer. ¿Es el tiempo de ser empático con alguien, o es el tiempo de celebrar con ellos?

❏ ACTO DE BONDAD

Celebra a alguien.

Grandes y pequeños

¿No se venden cinco pajarillos por dos moneditas?
Y sin embargo, ni uno de ellos está olvidado ante Dios.

Lucas 12:6, NBLA

A menudo se piensa que los animales son lo más bajo en orden de importancia en términos de la creación de Dios. Tenemos que pensar de manera más completa. Dios creó todo para que funcionara en armonía. Sin árboles no tendríamos oxígeno, y sin cosechas no tendríamos alimentos. Los animales también tienen su propósito. Tenemos mascotas para proteger, para hacernos compañía, o para calmar un alma atribulada. Los animales son parte del reino de Dios y deberíamos tratarlos como valiosos para Dios.

Este versículo dice que ni siquiera una de las criaturas de Dios queda en el olvido para Él. Dedica un tiempo a cuidar hoy del mundo que Él creó.

❑ ACTO DE BONDAD

Dona pelotas de tenis a tu clínica veterinaria local.

Ya está hecho

*Ustedes ya están limpios por la palabra
que les he hablado.*

LUCAS 15:3, NBLA

A veces nos desesperamos porque seguimos cayendo una y otra vez en el mismo pecado. Puede que te hayas arrepentido de ese mal genio que provoca griteríos, pero después te das cuenta de que sigues gritando al día siguiente. Tal vez te disculpaste por llegar tarde al trabajo, pero cada mañana sigues corriendo y dándote prisa para no llegar tarde otra vez y, aun así, no consigues llegar a tiempo.

Hay muchas razones por las que puede que sigas viéndote como indigno o inmundo; sin embargo, Dios no ve tus errores como tú los ves. Él te ve como una vida redimida a través de Cristo. No tienes que esforzarte por tu libertad, porque ya has sido hecho libre.

❏ ACTO DE BONDAD

Ayuda a alguien a recoger y limpiar su cuarto.

Ven a cenar

Yo estoy a la puerta y llamo;
si alguien oye Mi voz y abre la puerta,
entraré a él, y cenaré con él
y él conmigo.

APOCALIPSIS 3:20, NBLA

¿Recuerdas esas veces en casa cuando oías esas agradables palabras que te decían que era la hora de cenar? Hay algo en esperar la comida y luego finalmente darte cuenta de que el deseo está a punto de cumplirse.

A veces, no sabemos cómo expresar qué es lo que realmente queremos, pero Jesús sabe lo que es. Él podría estar de pie en tu puerta ahora mismo, llamando y esperando que oigas su voz. ¿Cuál es tu deseo? ¿De qué tienes hambre? Deja entrar a Jesús y permítele que pase tiempo contigo.

❏ ACTO DE BONDAD

Prepara una cena para alguien esta noche.

Sorpresa

Porque el reino de Dios
no consiste en palabras, sino en poder.

1 CORINTIOS 4:20, NBLA

¿Eres de las personas que disfrutan las sorpresas, o prefieres estar más en control de tus circunstancias y celebraciones? El reino de Dios no era como las personas esperaban que fuera. Cuando llegó Jesús, vino en una forma humana humilde, y no actuó como los reyes de su tiempo que reinaban a base de fuerza. Jesús demostró su poder de maneras que ayudaban a otros. Sanó a las personas, restauró su confianza, y les dio la promesa de la vida eterna.

El tipo de amor que Cristo ha compartido con nosotros es poderoso simplemente por la cantidad de autosacrificio que conlleva. No se ama solo de palabra; su poder va más allá de eso. Sorprende a alguien hoy con un poderoso acto de amor.

❏ ACTO DE BONDAD

Sorprende a un amigo en el trabajo.

Palabras que edifican

No salga de la boca de ustedes ninguna palabra mala,
sino solo la que sea buena para edificación,
según la necesidad del momento, para que imparta
gracia a los que escuchan.

EFESIOS 4:29, NBLA

Hay palabras que edifican a las personas y palabras que
derriban a las personas. Nuestras guerras y batallas en
estos días a menudo son las que se escriben o se dicen.
Podemos ser desagradables con un email poco compasivo,
o al hacer algún comentario con una risita a espaldas
de otro. Tal vez alguien no nos cae bien y, por lo tanto,
retenemos información que podría necesitar saber.

Si estás en una posición de liderazgo, tus palabras tienen
incluso mayor peso e influencia. Pídele a Jesús que te
dé un corazón misericordioso del que fluyan palabras
edificantes.

❑ ACTO DE BONDAD

Elogia a la primera persona con la que hables.

Julio

Usen la libertad para servirse
unos a otros por amor.

GÁLATAS 5:13, NTV

Buenas noticias

Y les dijo: «Vayan por todo el mundo
y prediquen el evangelio a toda criatura».

2 TIMOTEO 3:16, NTV

Compartir buenas noticias no es algo que tiene que
ver solo con una plataforma y un mensaje que alguien
prepara para que otros lo escuchen. Jesús compartió
buenas noticias a través de conversaciones, relaciones, y
ocupándose de las necesidades inmediatas de otros.

La buena noticia de Cristo es que la muerte no es nuestro
destino. De hecho, es justo lo contrario. Jesús promete vida
eterna a través de Él. Además de eso, quiere que vivamos
en plenitud de vida hoy. Deja que esto te llene de gozo y
paz para que tus palabras y acciones puedan influenciar de
manera positiva a los que te rodean.

☐ ACTO DE BONDAD

Lleva unos dónuts a tu lugar de trabajo.

Llena el depósito

Dispones ante mí un banquete en presencia de mis
enemigos. Has ungido con perfume mi cabeza;
has llenado mi copa a rebosar.

SALMOS 23:5, NVI

Los enemigos no son solo personas. Los ataques pueden
llegar a ti desde distintos frentes, y a menudo se dice que
nosotros mismos podemos ser nuestro peor enemigo.
Nuestra sociedad está tan llena de cosas que ver y hacer,
que podemos llenarnos de ansiedad pensando en lo que nos
estamos perdiendo. También podemos deprimirnos cuando
empezamos a comparar nuestra vida con la de otros.

Tal vez no te sientes exitoso en tu carrera, o te has dado
cuenta de que no tienes relaciones estupendas. Ese tipo de
cosas pueden dejarte con una sensación de vacío. Amigo,
Jesús está aquí para llenar tu depósito. Las cosas que crees
que te harán sentir bien solo consiguen hacerlo durante
un breve espacio de tiempo, y enseguida empiezas a
perseguir otra cosa para llenar el vacío. Conversa con Jesús
hoy y pídele que te dé perspectiva sobre lo que realmente
importa en la vida. Cuenta todas las pequeñas bendiciones,
y enseguida verás que tu copa está rebosando.

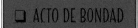

❏ ACTO DE BONDAD

*Llena el depósito de combustible
de alguien con quien vives.*

Pesca de monedas

«Sin embargo, para que no los escandalicemos, ve al
mar, echa el anzuelo, y toma el primer pez que salga;
y cuando le abras la boca hallarás un siclo;
tómalo y dáselo por ti y por Mí».

MATEO 17:27, NBLA

Esta historia acerca de Jesús es casi cómica, y nos da un
destello de su carácter. Le habían preguntado a Jesús
sobre si tenía que pagar impuesto, lo cual, como Señor
del cielo y de la tierra, sonaría absurdo. Pero Jesús no
estaba intentando demostrar su autoridad o alardear de
su posición, sino que simplemente escogió la ruta de no
ofender y apoyó el sistema terrenal de los impuestos. Y
después lo siguió mediante un milagro.

¡Imagínate encontrar una moneda en la boca de un pez!
A veces, esa es la forma en que Jesús actúa a través de
nosotros. Tal vez tienes que tomar una decisión difícil al
no saber a quién debes apoyar o mostrar lealtad. Sigue
el ejemplo de Jesús: no enojes a las personas si puedes
evitarlo, y espera que Él provea lo que necesitas para esa
situación concreta. Él intervendrá.

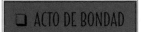

ACTO DE BONDAD

*Deja unas monedas en la calle para que alguien
las encuentre.*

Héroes

Lleven los unos las cargas de los otros,
y cumplan así la ley de Cristo.

GÁLATAS 6:2, NBLA

Cuando las cosas comienzan a ir realmente mal en nuestra sociedad, hay hombres y mujeres valientes que han sido entrenados para ayudar. Estas personas no son mejores humanos que otros, pero sencillamente han tomado la decisión de ponerse en primera fila para sus conciudadanos.

Este es el tipo de sacrificio y de carga que llevó Cristo por nosotros, para que no tuviéramos que llevar el peso de nuestro pecado nosotros mismos. Él llevó ese castigo y ahora nosotros somos libres. Dale gracias a Dios por las personas en nuestras vidas y en nuestras comunidades que siguen haciendo eso por nosotros.

☐ ACTO DE BONDAD

Lleva unas galletas a tu estación local de bomberos.

Manos trabajadoras

Pónganse como objetivo vivir una vida tranquila, ocúpense de sus propios asuntos y trabajen con sus manos, tal como los instruimos anteriormente.

1 Tesalonicenses 4:11, NTV

¿Qué tipos de trabajos te gusta hacer? Tal vez te gusta leer, investigar y todo lo académico, o quizá prefieres la parte práctica de las cosas, como construcción, jardinería o artesanía. Todos fuimos creados con cosas que disfrutamos y, a veces, incluso los trabajos pueden aportarnos gozo porque nos gusta ser productivos con nuestras habilidades.

Ponte la meta de hacer cosas que te gusta hacer, para que estés ocupado y feliz con esas cosas en lugar de meter la nariz en los asuntos ajenos. El aburrimiento a menudo conduce a problemas, así que mantente ocupado. Si no se te ocurren cosas que quieras hacer, piensa en lo que puedes hacer por otros, aunque sean cosas pequeñas. Todo nuestro trabajo es importante.

❏ ACTO DE BONDAD

Limpia el microondas.

Amor perfeccionado

En esa clase de amor no hay temor, porque el amor
perfecto expulsa todo temor. Si tenemos miedo es
por temor al castigo, y esto muestra que no hemos
experimentado plenamente el perfecto
amor de Dios.

1 JUAN 4:18, NTV

Con frecuencia se nos recompensa por la buena conducta
y se nos castiga por la mala conducta. Eso nos hace
observar nuestra vida y medirla basado en si hacemos
lo correcto. El amor de Cristo, sin embargo, va más allá
de que hagamos lo correcto o lo incorrecto. Su amor no
depende de las decisiones que hemos tomado.

Quizá te aferras a la culpa por algo que hiciste en el
pasado, y puede que incluso te dé miedo de las posibles
consecuencias; o tal vez esperas ser castigado en algún
momento de tu caminar. Eso no es vivir en el perfecto
amor que significa las buenas nuevas. Ten por seguro
que Jesús te ama a pesar de todas tus acciones pasadas,
presentes, y futuras. Debido a este perfecto amor, ¡serás
inspirado para escoger hacer lo correcto!

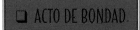

❑ ACTO DE BONDAD

Dale a alguien una tarjeta regalo.

En toda circunstancia

Sean agradecidos en toda circunstancia,
pues esta es la voluntad de Dios para ustedes,
los que pertenecen a Cristo Jesús.

1 Tesalonicenses 5:18, ntv

Es fácil ser agradecido cuando las cosas van bien. Hay épocas en las que disfrutamos de la vida: quizá acabas de tener unas vacaciones familiares de verano, te has casado recientemente, o te has comprado un automóvil nuevo. Podemos estar agradecidos por esas cosas, pero ¿qué ocurre en esas épocas en las que pierdes el trabajo o escuchas malas noticias de algún familiar? Aunque esos valles pueden ser tiempos realmente difíciles, también son tiempos para acercarnos a Dios.

Al pedirle ayuda, consuelo o provisión, acuérdate primero de ser agradecido por la bondad que te ha mostrado antes. Al pensar en cosas por las que estar agradecido, sentirás que tu alma comienza a remontar. Anímate, y después anima a otros y sé agradecido también con ellos hoy.

❏ ACTO DE BONDAD

Dale las gracias a alguien con un regalo o un detalle.

Ningún lugar

—Las zorras tienen madrigueras
y las aves tienen nidos —le respondió Jesús—,
pero el Hijo del hombre no tiene
dónde recostar la cabeza.

Lucas 9:58, NVI

Jesús sabía lo que era no tener hogar. Aunque no era un mendigo en las calles, sabía lo que era estar afuera sin tener algo propio. ¿Alguna vez te has puesto en el pellejo de alguien que no tenga hogar? Existen todo tipo de razones por las que las personas viven sin un techo sobre su cabeza, pero no nos corresponde a nosotros juzgar. En su lugar, deberíamos sentir compasión para darles y ayudarles a experimentar un pequeño placer en la vida aunque solo sea por un momento.

No puedes salvar el mundo, pero puedes llevar la luz a un pequeño rincón del mundo, persona a persona.

☐ ACTO DE BONDAD

Dale algo de comer a una persona sin hogar.

Los que no tienen

El que es generoso será bendecido,
pues comparte su comida con los pobres.

PROVERBIOS 22:9, NVI

A menudo dividimos a las personas en los que tienen y los que no tienen. Los niños hacen lo mismo. Aunque no tengan la intención de quejarse, quizá señalan que su amigo tiene su propio aparatito, o bicicleta, o un viaje al extranjero. Estas comparaciones nos hacen sentir como si fuéramos menos porque tenemos menos.

En lugar de preocuparte por no tenerlo todo, ponte la meta de ser una persona extremadamente generosa. Sé alguien que dona con facilidad una lata de comida en el supermercado o que deja unas monedas en una hucha de donaciones. Responde afirmativamente cuando te pidan dar para una buena causa. Esto te dará más bendición de lo que podrías conseguir simplemente deseando ser alguien que tiene más.

ACTO DE BONDAD

Haz una compra en el supermercado y dónala al banco de alimentos más cercano.

Llamado a servir

Les hablo así, hermanos, porque ustedes han sido llamados a ser libres; pero no se valgan de esa libertad para dar rienda suelta a sus pasiones.
Más bien sírvanse unos a otros con amor.

GÁLATAS 5:13, NVI

Es cierto que Cristo nos liberó de toda condenación. Deberíamos vivir en ese conocimiento y ser capaces de vivir en la plenitud de vida sin dejar que el pecado y la culpa nos aplasten. Sin embargo, este tipo de gozo y de libertad es algo que deberíamos compartir.

El amor que experimentas de Cristo debería extenderse a otros. No tienes que hacerlo con palabras convincentes o demostrando que eres mejor persona que los demás. Simplemente puedes compartir la libertad que experimentas al ser alguien que sirve alegremente a otros y acepta con generosidad a las personas tal como son.

☐ ACTO DE BONDAD

Cómprale una revista a alguien que sepas que le gustará.

Obras brillantes

«De la misma manera, dejen que sus buenas acciones
brillen a la vista de todos,
para que todos alaben a su Padre celestial».

MATEO 5:16, NTV

¿Recuerdas cuando construías un fuerte en tu cuarto y usabas una linterna para encenderla debajo de las mantas? Quizá eres más de acampadas y tienes la experiencia de sentarte en una tienda con una luz tenue y jugar a las cartas. Sabrás que una luz solo puede llegar hasta el material que pongas a su alrededor.

Cuando estás escondido bajo esas mantas, la luz será útil para ti pero no para las demás personas que haya en el cuarto. Del mismo modo, cuando haces algo bueno, amable o útil por alguien, estás dejando que esa luz vaya más allá de ti mismo y salga al mundo. Tu bondad ayuda a otros a ver la bondad de nuestro Creador.

❏ ACTO DE BONDAD

Págale un postre a la mesa que tengas a tu lado.

No es en vano

Por tanto, mis amados hermanos, estén firmes, constantes, abundando siempre en la obra del Señor, sabiendo que su trabajo en el Señor no es en vano.

1 Corintios 15:58, NBLA

El mundo necesita personas que hagan pequeñas cosas buenas para que sea un lugar mejor. Quizá lees las noticias y te desesperas con todos los problemas y por cómo los resolveremos. La verdad es que no hay persona ni organización que pueda resolver los asuntos. Necesitamos a muchas personas haciendo lo que les apasione hacer para poder marcar una diferencia.

Tal vez no estás al frente de una gran organización benéfica ni eres capaz de aportar mucho a tu banco de alimentos local, pero hay muchas otras maneras de marcar una diferencia significativa. Pídele al Espíritu Santo que te guíe con esas acciones hoy.

❑ ACTO DE BONDAD

Ofrécete para limpiar el automóvil o el cuarto de algún amigo.

Conoce a Dios

El que no ama no conoce a Dios, porque Dios es amor.

1 JUAN 4:8, NBLA

¿Qué has aprendido de Dios últimamente que no sabías antes? Quizá conozcas las verdades sencillas: que Él murió por ti, te perdonó, y te ama profundamente. Eso sería suficiente para conocerlo, pero Él se revela de otras muchas maneras.

Piensa en cómo ves a Dios en otras personas, en la naturaleza, o a lo largo de los años. Puedes llegar a conocerlo a través de las Escrituras o en conversaciones diarias con Él. Ponte la meta de conocer más acerca de Dios porque, cuanto más experimentes lo que es amarlo, más capaz serás de amar a otros.

📖 ACTO DE BONDAD

Hazle un recado a alguien.

Vida eterna

Pues Dios amó tanto al mundo,
que dio a su Hijo único,
para que todo aquel que cree en él
no muera, sino que tenga vida eterna.

JUAN 3:16, NBLA

Es importante reconocer el cambio que se produjo cuando Dios entregó a su Hijo Jesús para volver a arreglar las cosas para la humanidad. Jesús pudo revelar el carácter y la naturaleza de Dios a través de sus palabras y acciones cuando estaba en la tierra. Y, aún más, Jesús vino en forma humana para liberar a la humanidad de la consecuencia universal del pecado. Todos estábamos destinados a morir hasta que Jesús nos mostró que Él ha derrotado a la muerte.

Experimentaremos una vida nueva y eterna, porque es lo que Jesús nos ha devuelto. Deja que la idea de la vida eterna te anime con lo que puedas estar experimentando hoy.

❏ ACTO DE BONDAD

Invita a un amigo a tu casa.

El poder del amor

El odio crea rencillas,
Pero el amor cubre todas las transgresiones.

PROVERBIOS 10:12, NBLA

Experimentaremos heridas por parte de otras personas en nuestra vida. A veces estas heridas son intencionales, y otras veces se debe a que no estamos de acuerdo en todo. Con frecuencia competimos con las personas y mantenemos nuestro orgullo muy por encima de la humildad. Por eso es importante hablar continuamente con Jesús cuando sientes que alguien te ha herido. Jesús seguirá recordándote del amor y la gracia que has experimentado de Él. Él sabe que el amor perdonará los errores incluso cuando perdonar quizá sea lo último que quieras hacer.

Deja que Cristo te ayude a viajar hacia la sanidad a medida que aprendes el poder del amor.

❏ ACTO DE BONDAD

Dale a tu amigo una lista de cosas que te gustan de él.

Me recibiste

Porque tuve hambre, y ustedes me dieron de comer;
tuve sed, y me dieron de beber;
fui extranjero, y me recibieron.

MATEO 25:35, NBLA

¿Recuerdas lo que sentiste al ser el nuevo en la escuela,
en el trabajo, o en un vecindario? Puede ser una de las
experiencias más solitarias si no tienes algún amigo con el
que compartir tu tiempo o tus experiencias.

Somos vulnerables cuando no sabemos dónde acudir en
busca de ayuda. Esto significa que, cuando las personas
se acercan a nosotros, es un alivio. Jesús sabía lo que era
tener necesidad, y mostraba gratitud a los que le dieron de
comer y lo recibieron. ¿Hay alguien nuevo en tu lugar de
trabajo, escuela, iglesia, o en la calle que tenga necesidad
de que tú lo recibas?

❑ ACTO DE BONDAD

Sonríele a un extraño.

Presencia

Me mostrarás el camino de la vida;
me concederás la alegría de tu presencia
y el placer de vivir contigo para siempre.

SALMOS 16:11, NTV

No siempre nos parece que la vida está llena de la presencia de Dios y del placer de vivir con Él. A veces nos parece más bien lo contrario. Muchos de los salmos exploran los sentimientos de esas veces en las que Dios parece ausente, y es importante reconocerlas como emociones humanas genuinas. Sin embargo, la verdad es que Dios siempre está cercano y dispuesto a mostrarte el camino de la vida.

En ocasiones, nuestros tiempos más oscuros pueden convertirse en nuestros momentos más íntimos con nuestro Creador. Si te sientes lejos de Él ahora mismo, pídele que te conceda el gozo de su presencia y permite que tu corazón se llene del conocimiento de vivir en la eternidad.

❏ ACTO DE BONDAD

*Lleva un regalito envuelto a tu lugar de trabajo
y déjalo en el escritorio de alguien.*

Ten valor

¿No te lo he ordenado Yo?
¡Sé fuerte y valiente!
No temas ni te acobardes,
porque el Señor tu Dios estará contigo
dondequiera que vayas.

JOSUÉ 1:9, NBLA

Siempre estamos batallando con algo en nuestra vida. Nuestra guerra espiritual no se libra con espadas y escudos, pero tenemos que defendernos de las personas negativas y de los pensamientos negativos a veces incluso a diario. Podemos permitir que nuestras circunstancias nos abrumen, y eso puede estresarnos con respecto a las cosas más pequeñas y también las grandes.

Cuando tengas esta mentalidad, tienes que ser valiente tomando algún mandato del Señor. Él está contigo dondequiera que vayas. Él está de tu lado, y se asegurará de que puedas estar firme al enfrentar tus batallas. Mantente firme e inspira a otros a hacer lo mismo.

□ ACTO DE BONDAD

Escríbele una nota de ánimo a alguien.

Confía en su ayuda

El Señor es mi fuerza y mi escudo;
En Él confía mi corazón, y soy socorrido;
Por tanto, mi corazón se regocija,
Y le daré gracias con mi cántico.

Salmos 28:7, nbla

¿Cuándo fue la última vez que realmente necesitaste ayuda? Tal vez necesitaste que alguien recogiera a tus niños de la escuela, o necesitaste instrucciones para saber cuál era tu salón de clase. Quizá necesitaste ayuda con tu salud mental, o pidiendo consejo sobre algún trabajo al que pudieras aplicar.

Sean cuales sean tus necesidades, Dios las conoce y está ahí para ayudarte. La próxima vez que sientas que no sabes por dónde empezar, ponte de rodillas y ora. Deja que Dios entre en el cuadro para que puedan averiguarlo juntos. Cuando recibas la ayuda que necesitas, serás capaz de alabarlo y confiar más en Él.

❏ ACTO DE BONDAD

Ayuda en la cocina.

Deleite en las relaciones

Ama al Señor con ternura,
y él cumplirá tus deseos más profundos.

SALMOS 37:4, DHH

¿Qué dirías que es lo que quieres más desesperadamente ahora mismo? Tal vez tu mente se vaya a algún artículo de consumo como un sofá nuevo, un automóvil mejor, ¡o quizá incluso algo tan simple como una taza de café! Esas cosas te harán sentir mejor por un momento, pero cuando te detengas a pensar en lo que realmente te hace feliz, pronto te darás cuenta de que te importa más tener amigos en los que puedes confiar, que los miembros de tu familia tengan salud, o un hogar tranquilo.

Las relaciones son lo más importante, y te darás cuenta de ello cuando conviertas a Dios en el deleite de tu corazón. Tu relación con Él crecerá y también lo hará tu capacidad para relacionarte bien con otros.

❑ ACTO DE BONDAD

Manda un paquete de provisiones a alguien para demostrarle que le amas.

Lista de deseos

> Por eso les digo que todas las cosas por las
> que oren y pidan, crean que ya las han recibido,
> y les serán concedidas.
>
> MARCOS 11:24, NBLA

A menudo se dice que la oración no cambia la mente
de Dios, sino nuestro corazón. Este versículo podría
interpretarse como si fuera el genio de la lámpara: puedes
pedir lo que quieras y, mientras lo creas de verdad, ¡lo
recibes! Por desgracia sabemos, por la experiencia de la
vida, que no funciona así. Quizá oraste desesperadamente
cuando eras joven para que Dios impidiera ese examen en
la escuela, pero cuando llegaste al salón de clase, ahí estaba
el maestro repartiendo los papeles del examen. O quizá has
orado por una sanidad instantánea de una enfermedad y
tuvieron que pasar semanas para ver algo de mejoría.

El poder de la oración está en que, cuanto más sigues
orando, más sigues creyendo y más te sometes a las
respuestas de Cristo. Tal vez no sean las respuestas por las
que empezaste a orar, pero recibirás lo que necesitas.

❏ ACTO DE BONDAD

*Haz un donativo a algún ministerio
o alguna organización benéfica.*

Líbrame

Oré al Señor, y él me respondió;
me libró de todos mis temores.

SALMOS 34:4, NTV

¿Qué te preocupa en estos momentos? ¿Es una tarea inminente, un proyecto laboral con una fecha tope apretada, o un familiar sobre el que te acaban de dar un mal diagnóstico médico? Este mundo está lleno de preocupaciones, y no estás solo al enfrentar la ansiedad y el estrés. Enfrentar esos tiempos de presión a menudo hará que salgan a la superficie tus temores más profundos.

Quizá te dé miedo fracasar, perder tu salario, o perder a alguien a quien amas profundamente. Estos temores son muy reales, pero podemos llevarlos al Señor que entiende tus temores y quiere liberarte de que los lleves a cuestas. Imagínate como si fueras el cartero que entrega un paquete y, como resultado, aligera su carga. Lleva tu paquete de temor al Señor y deja que Él lo lleve por ti.

❑ ACTO DE BONDAD

Dale las gracias a tu cartero.

Tiempo real

Que sus conversaciones sean cordiales y agradables,
a fin de que ustedes tengan la respuesta
adecuada para cada persona.

COLOSENSES 4:6, NTV

¿Alguna vez te has visto envuelto en una conversación con
alguien que trató enteramente sobre algún programa de
televisión o una celebridad? Podemos interactuar tanto con
el mundo externo, que dejamos de prestar atención a lo que
está ocurriendo en el mundo real que nos rodea. Puede que
nos preocupemos más por ver el próximo episodio que de
preguntarle a un amigo o familiar cómo va con ese proyecto
importante para él, con su relación, o con su trabajo.

La próxima vez que tengas una conversación con alguien,
sé un poco más consciente del tema de la conversación.
Intenta centrarla en torno a la persona con la que estás y lo
que está experimentando. Enfócate en cosas que ayuden a
animar a esa persona, y muestra gracia a cualquier persona
sobre la que puedas estar conversando.

❏ ACTO DE BONDAD

*Deja a un lado el teléfono celular cuando estés pasando
tiempo con un amigo.*

Multiplicado

> Y ordenando a la muchedumbre que se sentara sobre la hierba, Jesús tomó los cinco panes y los dos peces, y levantando los ojos al cielo, bendijo los alimentos. Después partió los panes y se los dio a los discípulos y los discípulos a la multitud.

MATEO 14:19, NBLA

La historia de los panes y los peces es un gran recordatorio de lo que Jesús puede hacer con nuestra más sencilla disposición a ayudar. Unos pocos panes y unos peces era lo único que pudo ofrecer un niño para una multitud de miles, pero eso no le impidió llevárselo a Jesús. Hay muchas veces en las que dudamos de si lo que tenemos será suficiente. Miramos más nuestra ineptitud, pensando: «No tengo dinero suficiente, mi obra de arte no es impresionante, o no tengo el carisma que necesito para influenciar a este grupo de personas».

El sentimiento de ser inepto empeora con la comparación. Solo sabemos sobre tener más o ser mejor porque miramos lo que otros tienen. Toma un tiempo para pensar en lo que puedes ofrecerle a Jesús. Recuerda que Él ve la disposición de tu corazón como eso que iniciará el milagro. Lleva lo que tengas y observa cómo Él lo multiplica para bien.

□ ACTO DE BONDAD

Prepara dos meriendas y regala una.

Incondicional

Pero Dios prueba que nos ama, en que,
cuando todavía éramos pecadores,
Cristo murió por nosotros.

ROMANOS 5:8, DHH

¿Alguna vez te has preocupado al dar dinero a alguien
pensando que no lo usará sabiamente? Quizá no has
elogiado a alguien que piensa demasiado bien de sí mismo.
Tendemos a ofrecer nuestra bondad de forma condicional,
y la condición suele ser que sentimos que la otra persona
lo merece.

Es cierto que las cosas no siempre son blanco o negro, y
tenemos que discernir con respecto a nuestra generosidad.
Pero recuerda que el amor que experimentamos de Cristo
diariamente no tiene nada que ver con nuestra dignidad.
De hecho, ¡solo tiene que ver con nuestra indignidad!
La gracia realmente no es maravillosa a menos que sea
inmerecida y regalada. Sé amable hoy, ¡incondicionalmente!

❑ ACTO DE BONDAD

Mete unas monedas en una máquina de dulces.

Aférrate al bien

El amor debe ser sincero.
Aborrezcan el mal;
aférrense al bien.

ROMANOS 12:9, NVI

Nuestra naturaleza humana tiende a enfrentar los tiempos difíciles fijándose en el problema y en cómo nos hace sentir. Aunque es bueno poder identificar nuestras emociones, también puede desencadenar una espiral descendente si nos quedamos en esas emociones. Una de las mejores formas de salir de un lugar oscuro es haciendo algo bueno por otra persona. Eso pone nuestro enfoque en lo que otros están viviendo, y nos ayuda a sentirnos bien por poder marcar una diferencia en la situación de alguien.

No te limites a fingir una sonrisa; en lugar de eso, lleva gozo a alguien de una manera más significativa. Y no dejes de hacer el bien; cada pequeño acto de bondad marcará una diferencia positiva en tu corazón y en tu mente.

❏ ACTO DE BONDAD

Hornea un bizcocho para alguien.

Hijos de Dios

Miren cuán gran amor nos ha otorgado el Padre:
que seamos llamados hijos de Dios. Y eso somos.
Por esto el mundo no nos conoce,
porque no lo conoció a Él.

1 Juan 3:1, nbla

¿Qué significa para ti ser llamado hijo de Dios? Tal vez creciste en un hogar monoparental o tuviste que estar entre la casa de papá y la de mamá. A medida que crecías, has reconocido que tus padres o tu situación familiar era distinta a la de otros. Ser un niño en tu casa era una experiencia distinta a la que tenían tus amigos. En la casa de Dios, sin embargo, todos somos iguales. Dios nos ama a todos incondicionalmente y se interesa profundamente por nosotros. No hay jerarquías, ni orden de nacimiento ni una crianza disfuncional.

Quizá el mundo no entiende lo que es vivir bajo el techo de Dios, y es lógico que no te entiendan o piensen que eres distinto. Al vivir tu fe, sin embargo, el mundo comenzará a ver el contentamiento que tienes al saber que eres parte de la familia de Dios. Si alguna vez tienes la oportunidad, deja saber a otros que ellos también pueden ser parte de esta gran familia.

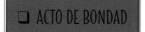

❑ ACTO DE BONDAD

Dona un paquete de pañales a un centro de maternidad.

El amor cubre

El odio provoca peleas,
pero el amor cubre todas las ofensas.

PROVERBIOS 10:12, NTV

Habrá personas en nuestras vidas que no nos caen muy bien. Probablemente, puedes pensar en una persona con la que no te llevas muy bien ¡mientras estás leyendo estas palabras! Podría ser alguien del trabajo, de la iglesia, o quizá incluso un cuñado o una suegra. A veces no podemos encontrar nada en común ni sentido del humor en esa persona. Tal vez tiene una personalidad muy ruidosa o habla demasiado de sí mismo, o puede que te parezca aburrida.

Jesús no nos pidió que nos cayeran todos bien, pero sí dijo que deberíamos amar a todos. Este proverbio nos advierte que, cuando no nos gusta alguien, o incluso nos cae mal, tenderemos a encontrar cosas con las que discutir con él o ella, o hablaremos a sus espaldas. El amor es lo que te hace darte cuenta de que tienes que trabajar en lo que no te gusta hasta el punto de pasar por alto cómo te has ofendido. Escoge amar, no porque eso te vaya a hacer amar a dicha persona, sino porque impide que te ofendas.

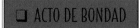

☐ ACTO DE BONDAD

Decide perdonar a alguien que te haya ofendido en el pasado.

Lealtad

¡Nunca permitas que la lealtad ni la bondad
te abandonen! Átalas alrededor de tu cuello
como un recordatorio.
Escríbelas en lo profundo de tu corazón.

PROVERBIOS 3:3, NTV

¿A quién acudes cuando las cosas se ponen feas o cuando quieres una opinión sincera acerca de algo? Por lo general, tenemos un amigo cercano o un familiar con el que podemos compartir cosas. Estas son las personas con las que puedes hablar sin tapujos y sin temor a ser juzgado. Te aman y seguirán a tu lado pase lo que pase.

Aférrate a esas personas y esos momentos como si fueran joyas preciosas. Del mismo modo que confías en ellos, ellos tendrán que confiar también en ti. Deja tiempo y espacio para demostrar tu cuidado y bondad.

❏ ACTO DE BONDAD

Envía una tarjeta a un amigo cercano o a algún familiar.

Nunca te rindas

El amor nunca se da por vencido, jamás pierde la fe,
siempre tiene esperanzas
y se mantiene firme en toda circunstancia.

1 Corintios 13:7, NTV

Quizá no te sientas el mejor testigo del amor de Cristo aunque sabes que este es uno de nuestros mandamientos principales. No te preocupes; no estás solo. Es difícil saber por dónde empezar a la hora de compartir tu fe con otros. Tal vez esperas que alguien te pregunte por ello un día y se abra para oír lo que tienes que decir, o puede que decidas ser intencional en cuanto a decir algo pero después no tienes el valor suficiente a mitad del día.

Sigue orando y desarrollando tu relación con Jesús para sentirte bendecido por tu fe, en lugar de avergonzado. Reconoce que es Jesús quien te ayuda a no rendirte, a tener esperanza, y a soportar cualquier circunstancia que pueda llegar. Pídele a Jesús que te ayude a encontrar una manera de expresar tu fe.

☐ ACTO DE BONDAD

*Escribe un versículo de ánimo y déjaselo a alguien
en su escritorio o sobre su cama.*

Todo lo que hagas

Todas sus cosas sean hechas con amor.

1 Corintios 16:14, NBLA

¿Cómo son las mañanas para ti? ¿Te despiertas sintiéndote más cansado que cuando te acostaste? ¿Te despiertas con el alba? Quizá te sientes ansioso por el día que te espera en el trabajo, o simplemente quieres ese primer café caliente para poder comenzar el día.

Piensa en algunos amigos que tengas que probablemente estén pasando por sentimientos y rutinas similares. Aunque muchos tenemos una sensación de «tener que» levantarnos, haz un hábito del hecho de ser agradecido por «poder» levantarte. Mientras aún haya vida en tus huesos y energía en tu cuerpo, dedica un tiempo a enfocarte en lo positivo y a seguir haciendo todo lo que haces con amor.

❏ ACTO DE BONDAD

Envía un mensaje de texto a tres amigos que diga: «Buenos días».

Agosto

El que sigue la justicia y la lealtad
Halla vida, justicia y honor.

PROVERBIOS 21:21, NBLA

Lleno de risas

*Él volverá a llenar tu boca de risas
y tus labios con gritos de alegría.*

JOB 8:21, NTV

Una buena risa siempre es beneficiosa para el corazón.
¿Cuándo fue la última vez que lloraste de risa? A veces,
lo único que se necesita para disuadir una disputa o un
momento de estrés es un chiste alegre pero apropiado.
Tienes que discernir la situación, pero quizá estás en medio
de una riña y, en lugar de continuar una discusión que no
llevará a ninguna parte, podrías poner una cara rara o hacer
un chiste malo. Te sorprenderías de cuán rápido puede
cambiar una situación al insertar en ella un poco de humor.

Recuerda que Jesús experimentó todo el rango de
emociones humanas. Ser plenamente humano significa
vivir del modo en que Dios nos creó, y eso incluye una
boca llena de risa y labios con gritos de gozo.

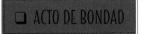

☐ ACTO DE BONDAD

Envía un meme chistoso a algún amigo.

Ayuda, por favor

> Pero el que tiene bienes de este mundo, y ve a su hermano en necesidad y cierra su corazón contra él, ¿cómo puede morar el amor de Dios en él?
>
> 1 Juan 3:17, nbla

Solo tienes que mirar intencionalmente a tu hogar para ver cuán bendecido eres. Poder desayunar, ponerte una taza de café, y vestirte con ropa linda para el día son solo algunas de las muchas cosas que puedes hacer y que otros no pueden. No tienes que sentirte culpable por las cosas que tienes, sino ser agradecido por ellas. Sé agradecido porque, aunque tu automóvil no sea el vehículo más impresionante en la carretera, tienes algo que te lleva del punto A al punto B. Sé agradecido porque, aunque tu baño está un tanto anticuado, aún tienes agua caliente para bañarte.

Cada vez que pienses en quejarte, recuerda que hay personas que no tienen casi nada. Piensa en lo mucho que Dios los ama y quiere que sus necesidades estén cubiertas también. Pon ese amor en acción.

☐ ACTO DE BONDAD

Dona mantas al albergue de tu zona.

Ama a tu prójimo

> Pero hay un segundo: «Ama a tu prójimo
> como a ti mismo». Ningún mandamiento
> es más importante que éstos.

MARCOS 12:31, DHH

Sabemos que las Escrituras hablan del prójimo para referirse a cualquiera que esté a tu alrededor, pero ¿qué has hecho últimamente para tu prójimo más próximo, es decir, tu vecino? A veces, la vida está tan llena de cosas que a duras penas vemos a las personas que hay en nuestro vecindario. Quizá los saludamos rápidamente con la mano cuando estamos saliendo de la casa, pero hasta ahí llega nuestra interacción con ellos.

Es mucho más fácil hacer cosas por las personas que conoces realmente bien y por quienes tienes mucho afecto. Es un poco más difícil hacer algo por personas que no te son tan conocidas. Es ahí donde podemos confiar en nuestro ayudador, el Espíritu Santo, para que nos llene con buenos pensamientos hacia los que ni siquiera conocemos. De esta forma, realmente podemos amar a nuestro prójimo como a nosotros mismos.

❏ ACTO DE BONDAD

Saca la basura del vecino a la vez que sacas la tuya.

Consejo sincero

El perfume y el incienso alegran el corazón;
la dulzura de la amistad fortalece el ánimo.

PROVERBIOS 27:9, NVI

¿Te has dado cuenta de lo bien que huelen algunas tiendas en estos tiempos? El aroma a chocolate, vainilla, colonia, o flores frescas te seduce y probablemente te hace querer comprar algo. Un amigo debería ser como ese aroma agradable. Las palabras que compartes con un amigo pueden ser de consuelo, apoyo y empatía. Un amigo que te ama verdaderamente te aceptará como eres y lo que dices, pero incluso más que eso, ayudará a guiarte a un buen lugar. Los amigos no dejan que el otro permanezca en conductas o entornos perjudiciales.

Si crees que no tienes ningún amigo así, ora por uno. Y piensa en los amigos que te rodean y que necesitan tus palabras amables durante este momento de sus vidas.

❑ ACTO DE BONDAD

Interésate por alguno de tus amigos.

Alimenta el rebaño

Consideremos cómo estimularnos unos a otros
al amor y a las buenas obras.

HEBREOS 10:24, NBLA

Hay poder en los números. En ocasiones, podemos dejarnos influenciar para mal por lo que la mayoría de las personas dicen o hacen. Cuando comenzamos a oír que nuestros amigos no van a cierto evento porque no se les puede molestar, o nuestros colegas dicen que no están interesados en empezar una tarea que se le ha pedido realizar al equipo, nos desmotivamos. Del mismo modo, nos motivamos cuando las personas se esfuerzan por ayudar en la comunidad o participar en un proyecto.

Hay poder en el sí colectivo, así que considera cómo podrías animar a otros al amor y las buenas obras. ¿Qué te han pedido hacer últimamente que exigirá algún sacrificio por tu parte, pero que sabes que es algo bueno a lo que unirte?

❏ ACTO DE BONDAD

Ofrécete como voluntario para algo en la iglesia.

No hay condenación

No juzguen, y no serán juzgados;
no condenen, y no serán condenados;
perdonen, y serán perdonados.

LUCAS 6:37, NBLA

Es fácil señalar con el dedo los errores y fallos de otras personas. Por alguna razón, estamos orientados a hablar de lo que las personas hacen mal en lugar de lo que hacen bien. Si tienes hijos, quizá observes que tiendes más a hablar de sus fortalezas y dones. Harás lo que sea por ver lo bueno en ellos y encontrar maneras de elogiarlos. Serás más compasivo con sus errores porque los amas tanto que intentas mirar el contexto del porqué hicieron algo mal, en lugar de suponer lo peor de ellos.

Amigos, así es como Dios nos ve. Como su hijo que eres, Él ve lo mejor en ti y su gracia nunca se acaba. Escoge ver a otros hoy a través de sus ojos.

❑ ACTO DE BONDAD

Decide pasar un día entero sin criticar a nadie.

Creación admirable

¡Te alabo porque soy una creación admirable!
¡Tus obras son maravillosas, y esto lo sé muy bien!

Salmos 139:14, nvi

Es fácil maravillarse con la obra creativa de Dios cuando vemos a un bebé recién nacido. Son maravillosamente perfectos. Por desgracia, según crecemos, comenzamos a ver todo lo que no nos gusta de nosotros: nuestro aspecto y la coordinación de nuestro cuerpo. Quizá no te gusta tu cabello rizado o la corta longitud de tus piernas. Tal vez se te dan muy mal los deportes o careces de oído musical. Quizá también te preguntas por qué Dios no te hizo tan inteligente como tu hermano. Estos pensamientos se introducen en nosotros tan a menudo, que es bueno recordarnos de vez en cuando quién nos hizo.

Cuando insultas a la creación, ¡insultas al Creador! Dios te creó a ti, y a toda la humanidad, de manera admirable. Sus obras son maravillosas, así que encuentra algo de lo que puedas maravillarte hoy y asegúrate de alabar a Dios por la belleza que encuentres.

❏ ACTO DE BONDAD

Dile a alguien que es una creación admirable.

Problemas de burros

Si en el camino ves caído al burro o al buey
de tu vecino, no lo ignores. ¡Ve y ayuda a tu vecino
a ponerlo otra vez de pie!

DEUTERONOMIO 22:4, NTV

¿Recuerdas cuando te pedían de niño que recogieras tu cuarto, o que recogieras algo que había tirado en la clase aunque ni siquiera lo habías tirado tú? Los niños a menudo dicen: «¡Pero yo no lo hice!». Es cierto, pero también es la forma en que funciona una comunidad. No tenemos que haber contribuido a algún lío o problema para poder ser parte de la solución. Solo porque alguien arrojó basura en el piso no significa que tú no puedas recogerla.

Dios quiere que trabajemos en armonía unos con otros, y estás desempeñando tu parte cada vez que contribuyes a que este mundo sea un poco mejor. Si tu vecino tiene un problema, ayúdalo; no mires para el otro lado. Si alguien se cae, ayúdalo a levantarse de nuevo.

☐ ACTO DE BONDAD

Barre la entrada de la casa de tu vecino.

Bendecido para dar

Y he sido un ejemplo constante
de cómo pueden ayudar con trabajo y esfuerzo
a los que están en necesidad.
Deben recordar las palabras del Señor Jesús:
«Hay más bendición en dar que en recibir».

HECHOS 20:35, NTV

¿Te despertaste esta mañana y ya te sentías agotado?
A menudo sentimos que nuestros días están llenos
de trabajo, trabajo, y más trabajo. Nos organizamos,
ayudamos a otros a situarse, vamos a trabajar, o
trabajamos en la casa, y después están las tareas
de las comidas y todas las demás cosas relativas al
mantenimiento del hogar. Nos parece que ya no tenemos
tiempo libre.

Si te sientes abrumado, acuérdate de confiar en tu fuente
de fortaleza. Jesús está ahí contigo en este momento,
listo para darte un sentimiento renovado de propósito y
energía. Recuerda sus palabras, como se nos dice en este
versículo: hay más bendición en dar que en recibir. Cada
vez que te pones a trabajar, estás haciendo algo para
ayudar a otros. Considérate bendecido por poder dar.

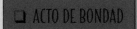

❏ ACTO DE BONDAD

Lleva la cena a la casa de alguien.

En lo ordinario

Este es el día que el Señor ha hecho;
Regocijémonos y alegrémonos en él.

SALMOS 118:24, NBLA

Hoy puede parecer un día común y corriente con las rutinas y tareas habituales. Quizá has empezado el día sintiéndote genial, pero a medida que decae el día, también lo hace tu estado de ánimo. Es en esos momentos cuando es bueno respirar hondo y recordar que este es el día que el Señor ha hecho. Piensa en las cosas que tienes y por las que puedes estar agradecido. Y recuerda que Dios está en las cosas ordinarias, así que puedes encontrarlo incluso en tus momentos más bajos.

A veces, los momentos más bajos son necesarios para examinar realmente tu corazón y buscar a Cristo en cosas por las que puedes estar contento. Has de saber que en algún momento de tu día, o esta semana, te sentirás un poco mejor que ahora. Aférrate a la promesa de que tu Creador quiere que disfrutes de tus días, a través de todas las emociones que puedas experimentar. Dale a otra persona esa esperanza recordándole las cosas por las que puede estar contenta.

❑ ACTO DE BONDAD

Dile a alguien que estás orando por él o ella.

Admirable

Pues el Señor no abandona a nadie para siempre.
Aunque trae dolor, también muestra compasión
debido a la grandeza de su amor inagotable.

LAMENTACIONES 3:31-32, NTV

Todo el mundo sufre por la maldición de la comparación.
Tal vez miras a ciertos actores o personas en la plataforma
de la iglesia y quisieras parecerte a ellos, hablar o tocar
un instrumento como ellos. Sin embargo, incluso esas
personas tendrán a otras personas con las que ellos se
comparan. Es un ciclo innecesario de querer ser observado,
respetado y admirado, y se deriva de buscar nuestra valía
siendo mejor que otros, en lugar de encontrar nuestra valía
en nuestro Salvador.

El Señor no abandona a nadie, y su amor constante
significa que nunca serás olvidado ni se te verá como
algo menos que perfecto. Afiánzate en la persona que
Dios quiso que fueras al crearte, y demuestra tu confianza
siendo capaz de admirar a otros por el propósito para el
que fueron creados.

❏ ACTO DE BONDAD

*Envía un correo electrónico de agradecimiento
a alguien a quien admires.*

No es instantáneo

En cambio, la clase de fruto que el Espíritu
Santo produce en nuestra vida es:
amor, alegría, paz, paciencia,
gentileza, bondad, fidelidad.

GÁLATAS 5:22, NTV

Cuando evalúas la lista de este versículo, ¿no te hace sentir que no estás viviendo a la altura del estándar? Podrías pensar rápidamente en algún momento reciente en el que no mostraste gozo o paciencia, pero eso no significa que no estés viviendo tu fe. El fruto de un árbol necesita tiempo para formarse; llega después de duras estaciones y un crecimiento importante.

Deja de ser tan duro contigo mismo y recuerda que el Espíritu Santo siempre está obrando en ti. Acuérdate de seguir pidiendo guía y fuerza. El fruto es algo que se desarrollará con el tiempo. Sin embargo, cuando llegue el tiempo de que ese fruto aparezca, asegúrate de que se vea y de ofrecerlo como un regalo a otros.

☐ ACTO DE BONDAD

Sonríe a la persona que va en el automóvil de al lado.

Andar en amor

Deben amar a los demás, así como Cristo nos amó
y murió por nosotros. Para Dios, la muerte
de Cristo es como el delicado
aroma de una ofrenda.

EFESIOS 5:2, TLA

Parece que siempre vamos con prisa por llegar a algún lugar.
Nos damos a nosotros mismos poco margen en ambos
lados de nuestras actividades programadas. Si tenemos
un momento libre, lo llenamos con otra tarea o evento.
Esto es parte de nuestra cultura, así que no hay mucho
que podamos hacer al respecto, pero a veces tenemos que
detener las cosas que queremos o incluso necesitamos
hacer por causa de otra persona. Quizá estás en medio de
una tarea complicada cuando un compañero te pide que le
ayudes a cargar una caja que hay en la calle. Tal vez estás
a punto de acostar a tu hijo para que duerma una siesta
cuando otra mamá y amiga privada de sueño se presenta sin
avisar para tomar un café y animarse.

Las pequeñas interrupciones pueden ser una alteración,
pero puedes verlas como una oportunidad para amar y
compartir el amor extravagante de Cristo. El sacrificio para
que la necesidad de otro triunfe sobre la tuya se convertirá
en una dulce fragancia de sanidad.

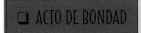

❑ ACTO DE BONDAD

Deja pasar a alguien delante de ti en la fila.

Gracia sobre gracia

Pues de Su plenitud todos hemos recibido,
y gracia sobre gracia.

JUAN 1:16, NBLA

Si vives cerca del mar o recuerdas la última vez que lo visitaste, conocerás el placer de ver ola tras ola llegando a la orilla. A veces es una ola suave, y otras veces son olas potentes que chocan contra la costa con un gran efecto.

Al igual que el mar, la gracia de Jesús siempre se está moviendo, ola tras ola. A veces tan solo necesitamos el tranquilo sentir de que las cosas están bien, y otras veces nos hemos quedado tan atrapados en nuestro pecado, que necesitamos una ola de gracia más potente para que nos lave profundamente. La gracia de Jesús es transformadora, y es para todos. Extiende esa gracia a las personas de tu entorno hoy.

❑ ACTO DE BONDAD

Escribe tres cosas que te gustan sobre alguien de tu familia, y después entrégale ese mensaje.

Entre nosotros

Entonces la Palabra se hizo hombre
y vino a vivir entre nosotros.
Estaba lleno de amor inagotable y fidelidad.
Y hemos visto su gloria,
la gloria del único Hijo del Padre.

JUAN 1:14, NTV

¿Qué imagen tienes de Jesús? ¿Es alguna fuerza misteriosa sentada en el cielo, el bebé judío nacido en un pesebre, o el hombre que hizo milagros y se sentó con pecadores? Jesús es todo eso, y anhela que lo conozcas. Él no vino a la tierra solo para reinar y gobernar, sino también para habitar con nosotros. Él experimentó todo el abanico de emociones humanas, y ayudó a las personas no solo con poder sobrenatural sino también con sus buenas palabras y acciones.

Hemos visto al Padre a través de Jesús, y cuanto más conozcamos a Jesús, más podremos ser sus manos y sus pies para las personas que nos rodean. Jesús sigue estando entre nosotros.

❑ ACTO DE BONDAD

Ofrécete para cuidar el niño de alguien gratis.

Como águilas

Pero los que confían en el S<small>EÑOR</small> renovarán
sus fuerzas; volarán como las águilas:
correrán y no se fatigarán, caminarán y no se cansarán.

I<small>SAÍAS</small> 40:31, <small>NVI</small>

¿Cuándo fue la última vez que te sentiste lleno de energía?
Tras largos días o semanas, es más probable que quieras
tirarte en el sofá o en tu cama para recibir ese descanso
tan necesario. Muchos estudios ahora demuestran lo
mucho que nuestras emociones están unidas a nuestros
niveles de energía. El pensamiento positivo no es solo para
oradores inspiradores.

Dios es la fuente de esperanza, y ofrece una vida que es
más satisfactoria que lo que nada o nadie en este mundo
pudiera ofrecer. Cuando entiendes su amor, cómo te ha
rescatado, y el gran futuro que te ha prometido, no puedes
evitar que la esperanza renazca. Deja que esta esperanza
te dé una energía renovada, para que estés listo para
transmitir positividad a los que te rodean.

☐ ACTO DE BONDAD

*Devuelve a su lugar el carrito
del supermercado por alguien.*

Humildad

El amor es paciente, es bondadoso.
El amor no tiene envidia;
el amor no es jactancioso,
no es arrogante.

1 Corintios 13:4, nbla

Es un versículo conocido para muchos, y ciertamente estaríamos de acuerdo en que el amor se muestra en la paciencia, en la bondad y en la humildad. Pero ¿qué hay de esas ocasiones en las que la paciencia y la bondad no están presentes en tus palabras y acciones? ¿Y esos días en los que te sientes tan abrumado que tu respuesta inmediata a una persona difícil es la impaciencia o unas palabras desagradables?

En esos momentos, recuerda esto: Dios es amor. Él es paciente, bondadoso y misericordioso. Deja que ese pensamiento te inunde para que absorbas algo de la gracia que tu Creador tiene para ti. Es Dios en ti quien te ayuda a vencer tus sentimientos de celos y orgullo. Es ese Dios quien te capacita para amar, y amar con valentía.

□ ACTO DE BONDAD

Elogia el desempeño de alguien delante de otras personas.

Tomar en cuenta

No se porta indecorosamente;
no busca lo suyo, no se irrita,
no toma en cuenta el mal recibido.

1 Corintios 13:5, NBLA

A veces, el mundo se parece más a todo lo que no es el amor. Las personas son groseras y egoístas, y nos enojamos mucho. ¿Cómo conseguimos no enojarnos cuando nos sentimos ofendidos? Parece una tarea imposible. Un niño por lo general se comporta mal cuando está ofendido, cansado, tiene miedo o hambre. Se podría decir lo mismo probablemente de los adultos. En ocasiones, cuando nos sentimos particularmente ofendidos por alguien, es útil preguntarse qué le puede estar sucediendo al otro en esos momentos. Quizá la otra persona tiene miedo, dolor, cansancio, o simplemente hambre.

Dios nos ama a pesar de cómo nos comportemos, y aunque no deberíamos dejar que otros nos pasen por encima, siempre es mejor ponerse en su pellejo por un instante y pedirle a Dios que nos dé perspectiva. El perdón nos ayuda a deshacernos de los males recibidos que podrían tentarnos a tomarlos en cuenta.

☐ ACTO DE BONDAD

Dile al supervisor de alguien lo bueno que es.

Sentido de pertenencia

Así es como sabemos que pertenecemos a la verdad
y que tendremos paz con Dios.

1 Juan 3:19, PDT

En un mundo que compite por las verdades, y las voces
te dicen que tengas tu propia verdad, ¿qué podemos
decir sobre saber que algo es cierto? La verdad tiene la
suposición de que hay una creencia correcta que supera
cualquier subjetividad y experiencia. Aunque todo lo que
experimentamos tiene un nivel de verdad, hay una verdad
mayor sobre nuestra vida y existencia que solo se puede
encontrar en Jesús.

La verdad es esta: perteneces. En un mundo donde
intentamos desesperadamente encontrar nuestro lugar,
encajar en ciertos grupos o compartir cierta afinidad, a
menudo podemos sentirnos aislados. La verdad de Dios
es que eres parte de su familia, y nada cambiará eso.
Al pensar en la realidad de tu pertenencia, deja que tu
corazón encuentre la presencia divina del Dios vivo, y
descansa en ella.

❏ ACTO DE BONDAD

Haz la tarea de alguien en tu casa.

Libre de obligación

Cada uno debe decidir en su corazón cuánto dar;
y no den de mala gana ni bajo presión,
«porque Dios ama a la persona que da con alegría».

2 CORINTIOS 9:7, NTV

Nos gustaría pensar que somos generosos, pero seamos sinceros: realmente es muy difícil soltar el dinero. En la mayoría de los casos, nuestros presupuestos son apretados. Puede que tengamos suficiente para vivir, pero raras veces sentimos que hay mucho extra que nos sobra. Relájate. La Biblia nos dice que escuchemos nuestro corazón cuando se trate de dar. Si tu corazón es generoso con una persona, proyecto u organización, entonces libera tu corazón y abre las manos.

Cuando das con un corazón que quiere dar y no se siente obligado o forzado a hacerlo, serás bendecido con gozo. ¡Este es el deleite de un dador alegre! Da cuando te lo dicte el corazón, y cuando lo haga, da con valentía, da con generosidad, y da con gozo.

❑ ACTO DE BONDAD

Invita a alguien a cenar.

Expectativas correctas

> Su divino poder, al darnos el conocimiento
> de aquel que nos llamó por su propia gloria y
> excelencia, nos ha concedido todas las cosas que
> necesitamos para vivir como Dios manda.
>
> 2 PEDRO 1:3, NVI

Muchos definen el cristianismo por estándares de bondad
según las expectativas terrenales. Se nos enseña a hacer lo
correcto y ser una persona honrada en la sociedad y entre
nuestros colegas. Qué difícil puede resultar, por lo tanto,
cuando fallamos a la hora de cumplir esos estándares.
Podemos ser muy críticos y duros con nosotros mismos
por no ser la persona que pensamos que deberíamos ser.
Quizá te tome un tiempo, pero piensa de dónde vienen tus
estándares. ¿Tu deseo de hacer lo correcto viene de tus
propias expectativas, o de las de otras personas?

La Biblia dice que nuestra vida consagrada viene mediante el
conocimiento de Jesús, mediante el poder divino, y mediante
la bondad de Cristo. Intentar vivir una vida consagrada por
nosotros mismos siempre nos dejará con carencias. Apóyate
en la gloria y la bondad de Jesús, y déjale darte lo que
necesitas para ser la persona que Él quiso que fueras.

❑ ACTO DE BONDAD

Agradécele a tu maestro.

Salvación para todos

> En verdad, Dios ha manifestado a toda la humanidad
> su gracia, la cual trae salvación.
>
> TITO 2:11, NVI

En un estadio lleno de gente, a menudo verás enjambres de personas que están en un lado o en el otro, dependiendo del color de la camiseta que lleven. Muchas veces el cristianismo se define en términos de estar de un lado o de otro. La Biblia dice claramente que la revelación de la gracia está en reconocer que la salvación es para todas las personas.

Jesús vino para redimir a toda la humanidad. Es triste que muchas personas no sepan que esa libertad necesita tan solo que la entendamos. ¿Cómo podría afectar esto la manera en que vemos a otros? Si sabemos que la gracia de Jesús es para todos, deberíamos esforzarnos por revelársela a otros mediante buenas acciones y palabras.

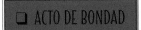

❏ ACTO DE BONDAD

*Llévale a algún vecino una canasta
de galletas o golosinas.*

Sé cortés

Que no hablen mal de nadie, que sean pacíficos
y bondadosos, y que se muestren humildes
de corazón en su trato con todos.

TITO 3:2, DHH

Los discursos y debates políticos son interesantes de ver,
pero si escuchas con atención, verás que se producen
muchos ataques. Podemos recibir inspiración de grandes
líderes, pero también tenemos que discernir a quién
seguimos. Si tus líderes despedazan a las personas con
palabras y peleas, quizá ese no sea el ejemplo cristiano que
debas seguir.

Busca siempre a Jesús para encontrar buenos ejemplos
sobre cómo vivir, hablar y tratar a otros. Sé considerado,
humilde, y cortés con todos. Puede que algunas veces eso
signifique no decir nada; más bien, deja que los que están
callados y tienen ideas sean los que hablen. A menudo no
escuchamos lo suficiente la voz de los humildes.

❑ ACTO DE BONDAD

*Incluye a alguien en una conversación que,
por lo general, no suela hablar mucho.*

Aprendan de mí

Acepten el yugo que les pongo, y aprendan de mí,
que soy paciente y de corazón humilde;
así encontrarán descanso.

MATEO 11:29, DHH

¿Cuándo fue la última vez que te sentaste y tuviste una conversación con tu Salvador? Nuestras oraciones a menudo son del tipo de pedir ayuda cuando las cosas se ponen feas, o pedir sanidad por alguien cercano. Quizá sabemos que nos espera un día ajetreado, así que invitamos al Espíritu Santo a que camine a nuestro lado. Comunicarse así con Dios está bien, pero ¿has considerado la parte de la conversación en la que tú comienzas a escuchar de forma activa lo que Él tenga que decirte?

Dios anhela tener una conexión profunda contigo. No solo quiere oír lo que hay en tu corazón; también quiere que descubras que Él es paciente, humilde y fácil de agradar. La próxima vez que ofrezcas una oración, haz tiempo para escuchar su respuesta.

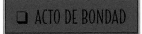

❏ ACTO DE BONDAD

*Escribe una oración en un espejo
o una pizarra por alguien de tu familia.*

Amor exhibido

Él ha hecho todo apropiado a su tiempo.
También ha puesto la eternidad en sus corazones,
sin embargo el hombre no descubre la obra que Dios ha
hecho desde el principio hasta el fin.

ECLESIASTÉS 3:11, NBLA

Una pequeña semilla no es particularmente hermosa.
Tampoco lo es la tierra donde ponemos la semilla. Y,
ciertamente, incluso las raíces que empiezan a formarse no
son algo en lo que se convertirá finalmente esa planta. La
rosa, con toda su gloria, siempre tendrá el mismo comienzo
humilde que cualquier otra planta; sin embargo, se pone
muy hermosa a su tiempo. Esto es también lo que Dios
hace en nuestro corazón.

Tal vez no vemos mucha belleza en nuestra propia vida,
pero Dios siempre conoce la semilla que ha plantado.
Él sabe que te creó para vivir eternamente y que, según
descubras más y más de su reino, te convertirás más en
una parte del mismo. Tu belleza será más evidente a su
tiempo. Aférrate a la promesa de que eres parte de su plan,
e invita a otros a ese plan mediante tu exhibición de amor.

❏ ACTO DE BONDAD

Lleva flores a un amigo.

Maneras de unir

Él hace que todo el cuerpo encaje perfectamente.
Y cada parte, al cumplir con su función específica,
ayuda a que las demás se desarrollen,
y entonces todo el cuerpo crece
y está sano y lleno de amor.

EFESIOS 4:16, NTV

La vida de la iglesia ha pasado por muchos ciclos y reformas, pero nunca desaparece. Esto se debe a que el cuerpo de creyentes es lo que Jesús está usando para reconciliar al hombre con Dios. Tal vez aún no has encontrado una iglesia en la que sientas que encajas, o quizá tienes ciertas reservas acerca de algunas de sus prácticas. Hay muchas razones para que no te guste una iglesia, pero tenemos que recordar que Cristo ama a la iglesia como su novia.

Muchas veces vemos personas que buscan defectos en iglesias o buscan razones para culparlos por esto o por lo otro. Es triste cuando se producen divisiones entre cristianos, y no es lo que Dios quería para su pueblo. Encuentra tiempo para orar por tu iglesia, encuentra tiempo para animar a otros creyentes, y sé alguien que anima a todo el cuerpo.

❏ ACTO DE BONDAD

Dona algunos juguetes a tu iglesia local.

Pelea con valentía

¡Sé valiente! Luchemos con valor por nuestro pueblo y por las ciudades de nuestro Dios, y que se haga la voluntad del Señor».

2 Samuel 10:12, ntv

Leer o ver las noticias nos puede dejar sintiéndonos un tanto desesperanzados con el estado actual del mundo. Vemos historias de personas a quienes la injusticia, la discriminación, la guerra, o desastres naturales les han arruinado la vida. Los que son más vulnerables a la destrucción personal necesitan protección, y tiene que llegar de los que somos más fuertes para ayudar.

Este es el tiempo de ser valientes; hay que defender a los que son débiles y están heridos. Tenemos que dejar que el dolor de otros nos afecte lo suficiente como para hacer algo al respecto. Pelea con valentía por esas personas. Ora, ofrece ayuda práctica y financiera, solidarízate con los marginados, y observa el amor de nuestro Dios compasivo cambiando vidas, ciudades y naciones.

❏ ACTO DE BONDAD

Envía una donación a una organización benéfica.

La cruz diaria

«Si alguno de ustedes quiere ser mi seguidor, tiene que abandonar su propia manera de vivir, tomar su cruz cada día y seguirme».

LUCAS 9:23, NTV

La imagen de un Jesús amoratado y golpeado siendo forzado a llevar una cruz increíblemente pesada por los caminos polvorientos probablemente la has visto o la has leído muchas veces. Darnos cuenta del sufrimiento de Jesús nos llena de tristeza, pero también de una increíble gratitud, sabiendo que toda su vida hasta la cruz y aún después estuvo dedicada a darnos redención.

¿Qué visualizas cuando te piden que tomes tu cruz? ¿Lo ves como un evento puntual? Quizá sientes que soportas dificultades todos los días. Seguir a Jesús tiene un costo, pero es mucho más. La cruz de Cristo también condujo a la libertad del pecado y de la muerte, y al poder sobre el mal. Al seguir a Jesús hoy, recuerda que, aunque puedas estar sufriendo, tu compromiso también te está llevando al camino de la victoria.

❑ ACTO DE BONDAD

Regala algo gratuitamente.

Obra de sus manos

Los cielos proclaman la gloria de Dios,
Y el firmamento anuncia la obra de Sus manos.

SALMOS 19:1, NBLA

Solo es necesaria una mirada al inmenso cielo para saber que la vida es mayor que lo que experimentamos en la tierra. Un entendimiento limitado del sistema solar puede dejarnos fascinados, del mismo modo que una brillante muestra de estrellas en una noche clara. La obra de las manos de Dios es asombrosa; la conocemos parcialmente, y todavía no la entendemos plenamente.

¿Te suena esto al Dios que experimentas? Él es glorioso y poderoso, pero a la vez también es cercano y detallista. ¿Qué puedes ver a tu alrededor que muestre la obra de sus manos? Date permiso a ti mismo para pensar en la creatividad de Dios y animarte con que ese mismo Dios te creó a ti. Tómate un tiempo para observar la gloria de Dios en las personas que te rodean.

☐ ACTO DE BONDAD

Dile hola a un extraño.

Proactivamente positivo

Y ahora, mis amados hermanos, les pido algo más.
Tengan cuidado con los que causan divisiones y
trastornan la fe de los creyentes al enseñar cosas que
van en contra de las que a ustedes se les enseñaron.
Manténganse lejos de ellos.

ROMANOS 16:17, NTV

Redes sociales. Tal vez oigas más cosas negativas que
buenas sobre esas plataformas. Y a menudo suele ser así. Por
desgracia, la capacidad de escondernos tras el teclado, y no
responsabilizarnos de lo que decimos, significa que hay miles
de palabras desagradables que se lanzan por ahí sin ninguna
precaución o consideración por cómo les harán sentir a otros.

Incluso si no somos nosotros los que escribimos
esas palabras, las leemos muy a menudo, y pueden
influenciarnos en nuestro modo de pensar o en cómo
podríamos responder. Presta atención a la advertencia
de este versículo, y ten cuidado con las personas
que causan divisiones. Esta no es la obra sanadora y
redentora de Cristo. Sé parte de su gracia y bondad, y sé
proactivamente positivo hacia otros.

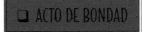

☐ ACTO DE BONDAD

Publica un elogio en las redes sociales de tu amigo.

Humillado

El altivo será humillado,
pero el humilde será enaltecido.

PROVERBIOS 29:23, NVI

¡Bienvenidos al reino al revés de Cristo! En esta vida, asociamos el orgullo a personas que han tenido éxito en sus carreras, o con su modo de vestir, o cualquier otra forma de valores del mundo. El problema con enorgullecerse de esas cosas es que son temporales, y cuando el buen aspecto se desvanece o un trabajo se vuelve redundante, también le ocurre lo mismo al orgullo de la persona.

Esto no es lo que Dios quiere para nosotros. Él quiere que estemos orgullosos de cómo Él nos ha creado por dentro. Tú eres hermoso al margen de la posición en la que el mundo te pueda situar. Recuerda que quienes no tienen un alto concepto de sí mismos son los que consiguen honor. Ayuda a dar a alguien un empuje extra hoy.

❏ ACTO DE BONDAD

Envía un mensaje de agradecimiento a un compañero de trabajo que merezca reconocimiento.

Septiembre

Más bien, amen a sus enemigos
y háganles el bien.
Presten sin esperar nada a cambio. Así
tendrán una gran recompensa y serán hijos
del Dios Altísimo, porque Dios es bueno
aun con los desagradecidos y perversos.

Lucas 6:35, pdt

Fortaleza interior

A él le pido que en su infinita grandeza les conceda a ustedes fortaleza interior a través del Espíritu.

EFESIOS 3:16, PDT

¿Qué cosas de tu día a día te producen estrés? Podría ser que no te llevas bien con alguien y eso crea tensión en tus tareas diarias. Tal vez la casa necesita alguna reparación, pero ahora mismo no tienes las finanzas para llevar a cabo el proyecto. Puede que estés pasando por dificultades en tu salud, y eso hace que pases más tiempo en el centro médico que en la casa.

Un dicho muy famoso nos dice que tu hogar es donde está tu corazón. ¿Dónde está tu corazón ahora mismo? Si vives con familiares o amigos cercanos, las relaciones serán más valiosas que las situaciones que te rodean. Pídele al Espíritu Santo, que es tu compañero fiel, que te dé la fuerza interior necesaria para caminar hacia la sanidad en tu propia vida y en tus relaciones.

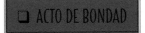

❑ ACTO DE BONDAD

Dile a un miembro de tu familia lo que más te gusta de él o ella.

El sacrificio de un padre

Instruye al niño en el camino que debe andar,
Y aun cuando sea viejo no se apartará de él.

PROVERBIOS 22:6, NBLA

¡Ser padre o madre es difícil! Independientemente de la etapa de la vida en la que esté el hijo, ya sea un recién nacido, un bebé o un adolescente, es una tarea sacrificada y la responsabilidad es grande. Los padres, por supuesto, asumen esta carga porque aman muchísimo a sus hijos y quieren lo mejor para ellos.

Los hijos no siempre muestran agradecimiento por lo que sus padres intentan hacer por ellos. No entienden cuán profundo es el sacrificio, o que todas las decisiones que los padres tomaron fueron buscando el bienestar de sus hijos. Tal vez algún día lo hagan, pero mientras tanto, intenta ser de los que anima a los padres en lugar de juzgarlos. Ningún padre es perfecto y ningún hijo es perfecto, pero todos somos creados a imagen de Dios, y merecemos que nos animen a hacer las cosas lo mejor que podamos.

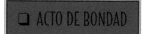

ACTO DE BONDAD

Haz un cumplido a algún padre o madre acerca del buen comportamiento de su hijo.

Don perfecto

Toda buena dádiva y todo don perfecto viene de lo alto,
desciende del Padre de las luces, con el cual
no hay cambio ni sombra de variación.

Santiago 1:17, nbla

¿Alguna vez has ido a comprar algo para un amigo o un familiar y no sabías qué elegir? Seguramente buscabas el regalo perfecto, pero nada destacaba ni te llamaba la atención. Eso mismo ocurre cuando buscamos gozo o salvación fuera del don de Cristo. Nada podrá llenarte como la gracia y el perdón de Cristo.

Con Jesús, no tienes que dudar ni preocuparte por nada. Él te acepta tal como eres, y tienes libertad completa gracias a su obra en la cruz. Cuando vivimos con la promesa de que Jesús está en nuestro corazón, nuestra generosidad también es perfecta. Eso no significa que encontrarás el regalo perfecto, sino que tu corazón generoso brillará delante de todos los que lo reciban.

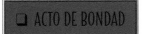

❏ ACTO DE BONDAD

*Cómprale un regalo a alguien como muestra
de que esa persona es increíble.*

Florecer

A Ti miran los ojos de todos,
Y a su tiempo Tú les das su alimento.

SALMOS 145:15, NBLA

Cuidar plantas de interior no es tarea fácil. Tal vez a ti se te da bien y sabes exactamente dónde poner una planta o cómo hacer que florezca. A muchos de nosotros, sin embargo, nos encantan las plantas, ¡pero no sabemos muy bien cómo mantenerlas vivas!

Igual que las plantas, nuestro crecimiento espiritual depende de si estamos recibiendo los nutrientes necesarios. Tendrás que dejar que las Escrituras te alimenten y recibir abundantemente de la luz del amor de Jesús. Busca en Él todo lo que necesites, porque Él te lo dará. Fíjate en las cosas que te hacen florecer y asegúrate de integrarlas en la rutina de tu vida.

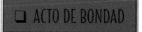

❑ ACTO DE BONDAD

Regala chocolates a algún amigo o familiar.

Agujeros virtuales

De tus preceptos adquiero entendimiento;
por eso aborrezco toda senda de mentira.

SALMOS 119:104, NVI

¿Cuándo fue la última vez que te metiste en un agujero negro de las redes sociales? Tal vez entraste a la publicación de algún amigo y después viste algún anuncio o la foto de la publicación de otra persona, ¡y después de un rato te diste cuenta de que habías pasado más de una hora haciendo algo que ni siquiera tenías planeado hacer!

Tenemos que ser más intencionales cuando estamos navegando por el internet. Toma este versículo y aplícalo a los caminos virtuales por los que caminas cuando consumes información. Que tu meta sea buscar las cosas que tengan significado y aporten algo a tu vida y a las vidas de los demás. Detente en seco cuando veas que vas por un camino incorrecto, y busca sabiduría en la Palabra de Dios.

❏ ACTO DE BONDAD

Escribe un comentario positivo en las redes sociales.

Trabajos llenos de alegría

Y, como Dios le llena de alegría el corazón,
muy poco reflexiona el hombre en cuanto a su vida.

ECLESIASTÉS 5:20, NVI

Parece que hubiéramos sido programados para odiar el trabajo; después de todo, es parte de la maldición, ¿no es así? ¿Es posible que veamos el trabajo como un regalo? Lo que sea que Dios te haya entregado para hacer, ya sea enseñar en una escuela, en un campo misionero, en la iglesia o en la casa, te lo ha dado porque tienes un don que debes usar en beneficio de los demás.

Si puedes aceptar esto, quiero que sepas que puedes encontrar alegría al saber que estás haciendo una parte de lo que Dios te creó para hacer. Eso puede producir una satisfacción increíble a la perspectiva que tengas acerca de tu trabajo actual. Permite que Dios te ayude a disfrutar de tu trabajo y a compartir esa alegría hoy con tus compañeros.

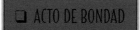
❑ ACTO DE BONDAD

Ayuda a un compañero de trabajo
con alguna tarea que necesite terminar.

Riquezas de la sabiduría

Mi fruto es mejor que el oro fino; mi cosecha sobrepasa a la plata refinada. Voy por el camino de la rectitud, por los senderos de la justicia,enriqueciendo a los que me aman y acrecentando sus tesoros.

PROVERBIOS 8:19-21, NVI

El estilo de vida de los ricos y famosos siempre ha sido el más deseado, y es que hay algo en nuestra naturaleza humana que hace que queramos ser los mejores o los que más tienen. Por suerte para nosotros, obtener riquezas que duran no tiene nada que ver con nuestra ocupación, sino con nuestra búsqueda de la sabiduría.

El libro de Proverbios compara continuamente la sabiduría y el entendimiento con las piedras y metales preciosos, porque el valor de la sabiduría es mucho mayor que el de las cosas materiales. Priorizar el camino correcto tendrá como resultado relaciones abundantes, decisiones prósperas, y actitudes exitosas hacia la vida. Sumérgete hoy en el oro de la sabiduría de Dios, y permite que la generosidad de tu corazón se transforme en generosidad práctica para con los demás.

❏ ACTO DE BONDAD

Deja una propina generosa a tu camarero.

Convencer a gobernantes

Dialogar pacientemente con los gobernantes los hace cambiar su manera de pensar;
un diálogo amistoso tiene mucho poder.

PROVERBIOS 25:15, PDT

Llevar a cabo un ataque es una invitación a la venganza. Provocar el cambio, sin embargo, requiere un enfoque mucho más modesto. Cuando nuestra intención es cambiar los corazones, no deberíamos preocuparnos por llevarnos el mérito, el ascenso y el elogio. Un enfoque sin precedentes que no implica vergüenza o daño puede tener como resultado el aprecio y tal vez hasta el respeto, en lugar de un ataque violento para proteger la posición o la imagen.

Esto es especialmente cierto de los gobernantes o líderes. Estemos de acuerdo o no con la manera en que nuestros líderes se conducen y manejan los asuntos, lo cierto es que el Señor los ha puesto en ese lugar y solo Él puede ver sus corazones.

❑ ACTO DE BONDAD

Exprésale a tu jefe algo que te guste de él o ella.

Por tu propio bien

No nos gusta cuando nos corrigen porque nos duele, pero luego de haber sido corregidos da buenos resultados. Entonces nos llenamos de paz y empezamos a vivir como debe ser.

HEBREOS 12:11, PDT

La disciplina es más que solo una corrección por haber hecho algo mal. La disciplina es una manera de entrenar la mente, el cuerpo, o el espíritu. No sé si alguna vez has estado en un campo de entrenamiento, te has apuntado a clases semanales de idiomas, o te has comprometido a leer diariamente las Escrituras.

Si tienes hijos a tu cargo, seguramente sabes que la disciplina es un recordatorio constante de lo que está bien y lo que está mal, así como de incentivos y consecuencias. Hacer las cosas bien conlleva mucho trabajo, pero una vez que lo haces, pasa a ser mucho más natural. Aliéntate sabiendo que Dios utiliza la disciplina para beneficiarte. ¡La disciplina produce paz!

☐ ACTO DE BONDAD

Anima a un niño.

Próximos pasos

Podemos hacer nuestros planes,
pero el Señor determina nuestros pasos.

Proverbios 16:9, ntv

Uno puede tener grandes ideas para la casa de sus sueños e incluso puede dibujar los planos, pero finalmente es el arquitecto el que decide las dimensiones, los materiales, y como se construirá todo. Nuestro Dios es ese gran arquitecto que sabe cada paso que debemos tomar para hacer de nuestras vidas algo precioso.

Como dice este versículo, podemos hacer nuestros planes, y de hecho los hacemos, pero debemos poner esos planes en manos del diseñador y preguntarle cuál es el próximo paso. ¿Qué pasos te está llevando Dios a dar ahora mismo? ¿Hay alguno de tus propios planes que debes entregarle para que Él pueda obrar a través de ti?

❏ ACTO DE BONDAD

Ofrécete para hacerle un recado a algún familiar que esté ocupado.

La tierra de los vivientes

Pero de una cosa estoy seguro:
he de ver la bondad del Señor
en esta tierra de los vivientes.

SALMOS 27:13, NVI

Las Escrituras dicen que Dios ha puesto eternidad en el corazón de todos nosotros, pero a veces anhelamos el cielo de tal manera que no disfrutamos de la vida que Él nos ha dado aquí en la tierra. Tal vez sientas que no tienes mucho por lo que vivir; a lo mejor tus hijos ya han crecido, has perdido a tu cónyuge, o simplemente has perdido la ilusión y ya no sabes cuál es tu propósito. Aprópiate de la confianza del escritor de este salmo y dile a tu alma que verás la bondad del Señor en la tierra de los vivientes.

Decide pasar tiempo con personas que te llenarán de energía y te retarán a vivir la vida más plenamente. Pasa tiempo en la Palabra de Dios para que tu corazón esté anclado a la esperanza y al amor de Cristo. Escucha algo de música y disfruta de todos los instrumentos diferentes que puedas oír. Disfruta de una buena comida. Sé agradecido por todas las bendiciones que tienes en esta tierra.

❑ ACTO DE BONDAD

Invita a alguien a que vaya contigo a algún evento musical.

Bondad atesorada

El que es bueno, de la bondad que atesora en el corazón saca el bien, pero el que es malo, de su maldad saca el mal.

MATEO 12:35, NVI

Todos tenemos la capacidad de hacer el bien y de hacer el mal. Todo depende del alimento que le demos a nuestro cuerpo, a nuestro corazón, y a nuestra mente. A medida que maduramos, tomamos decisiones que alimentan el bien o el mal dentro de nosotros. Puede que empecemos a menospreciar a otros en nuestro trabajo para poder avanzar en nuestra carrera profesional, o tal vez disfrutemos de hablar mal de otros para sentirnos mejor con nosotros mismos. Cuanto más alimentemos esos hábitos y les demos lugar en nuestra mente, más fácilmente se manifestarán.

Mirando el lado positivo, podemos decidir alimentar nuestra mente y nuestros corazones con cosas buenas. Podríamos decidir, por ejemplo, no hablar mal de los demás, o hacer voluntariado con una asociación aunque no tengamos mucho tiempo. También podemos decidir pensar bien acerca de nuestro cónyuge o nuestros familiares, para que lo primero que les digamos sea algo amable. Sigue atesorando lo bueno para que lo que salga de ti siempre sea bueno.

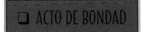

❏ ACTO DE BONDAD

Haz un cumplido a alguien sobre lo bien que se ve.

Las compañías

> No se dejen engañar: las malas compañías
> corrompen las buenas costumbres.
>
> 1 CORINTIOS 15:33, RVC

Seguramente sabes que los amigos llegan a influir más en los jóvenes adultos que su propia familia. Si tienes hijos, siempre te aconsejarán que los buenos amigos son la mejor manera de hacer que tus hijos se mantengan alejados de los problemas y se esfuercen en la escuela.

¿Has analizado recientemente la compañía de la que te rodeas? ¿Te ayudan las personas con las que pasas tiempo a ser una mejor persona, mejor pareja, mejor trabajador, o un mejor padre? Puede que te lleves bien con ciertos amigos, pero si te llevan constantemente a conversaciones o hábitos poco saludables, podría ser el momento de pensar si estás dirigiendo tu vida hacia la corrupción. Pídele al Espíritu Santo que te guíe hacia personas que te señalen hacia la verdad y la integridad.

❏ ACTO DE BONDAD

*Envía una tarjeta de agradecimiento a algún amigo
que te anime a perseguir hábitos saludables.*

Detente y pide

No se preocupen por nada, más bien pídanle al Señor
lo que necesiten y agradézcanle siempre.

FILIPENSES 4:6, PDT

¿Qué cosas te preocupan más? ¿Es tu carrera profesional,
tu casa (o la falta de ella), tu estado financiero, tus hijos o
tus padres? Solemos tener largas listas de las cosas que
nos preocupan, y a menudo esas preocupaciones pueden
transformarse en ansiedad, temor y desesperanza. Cuando
te abruman las preocupaciones, pueden ensombrecer la
verdad de que Dios está en control.

Hay momentos en los que debemos reconocer que no
podemos controlar la mayoría de las cosas por las que
nos preocupamos. Dios es el autor de la vida, y conoce
las situaciones mejor de lo que podría hacerlo cualquier
ser humano. La próxima vez que las preocupaciones
comiencen a molestarte, ora inmediatamente y pide lo que
necesites. Cree que Dios proveerá para esas necesidades
dando gracias por ello.

☐ ACTO DE BONDAD

*Escribe un mensaje a un amigo y pregúntale
cómo puedes orar por él.*

Intercesión divina

Así mismo, en nuestra debilidad
el Espíritu acude a ayudarnos.
No sabemos qué pedir, pero el Espíritu mismo
intercede por nosotros con gemidos que no
pueden expresarse con palabras.

ROMANOS 8:26, NVI

¿Alguna vez te ha pasado que se te olvida por completo la razón por la que entraste a una habitación? Tal vez tuviste que volver atrás para recordar exactamente qué era lo que querías hacer. Cuando estamos atascados en nuestra vida personal o incluso espiritual, la sensación puede ser la misma. No sabemos bien dónde empezar y ni siquiera estamos seguros de qué pedir. En esos momentos, puedes confiar sabiendo que Jesús te conoce tan íntimamente que ya sabe lo que necesitas.

En los momentos en los que te sientes completamente perdido, recuerda que el Espíritu Santo está ahí para ayudarte en medio de tu debilidad. Ni siquiera necesitas palabras; solo es necesario reconocer que necesitas a Dios para que Él actúe.

❏ ACTO DE BONDAD

Ábrele la puerta a alguien.

Una aportación sincera

Cuídense de no hacer sus obras de justicia delante de la gente para llamar la atención. Si actúan así, su Padre que está en el cielo no les dará ninguna recompensa.

MATEO 6:1, NVI

El tamaño del regalo que das no es lo importante, sino el corazón con el que lo das. Piensa en la historia que se encuentra en las Escrituras de la mujer que solo tenía unas cuantas monedas para dar como ofrenda. Mientras que otros se burlaron de su pequeña aportación, Jesús la alabó porque había dado todo lo que tenía.

No necesitas hacer el bien más que otros para que todos vean que eres el más generoso. Si tu corazón siente compasión hacia una persona o una causa, sé generoso partiendo de esa bondad aunque solo sea algo pequeño. Dios usará cualquier aportación para avanzar su reino.

❏ ACTO DE BONDAD

Ayuda a un maestro ocupado con alguna tarea.

Alégrate de nuevo

Estén siempre llenos de alegría en el Señor.
Lo repito, ¡alégrense!

FILIPENSES 4:4, NTV

Es imposible expresar alegría exteriormente todo el tiempo. Imagínate si tuvieras que sonreír todo el día o pasarte horas riendo; sería agotador. El gozo de conocer a Jesús es un gozo diferente. Es una sensación profunda de paz que es el resultado de ver las circunstancias desde la perspectiva adecuada.

Siempre habrá momentos en los que sintamos que las cosas no van como nos gustaría, pero el gozo del Señor es estar seguro de que Él te ayudará a pasar por los momentos más difíciles y que, en última instancia, nadie te puede arrebatar el regalo de salvación y vida eterna que has recibido.

❏ ACTO DE BONDAD

Sonríele a tres personas que no conozcas.

Pide para recibir

«Hasta ahora nada han pedido en Mi nombre;
pidan y recibirán, para que su gozo sea completo».

JUAN 16:24, NBLA

¿Sientes que ahora mismo te estás perdiendo algo? Si pudieras pensar en una cosa que te ayudaría a sentirte mejor hoy o esta semana, ¿qué sería? Tal vez pienses en alguna comida deliciosa que te levante el ánimo, o un descanso de tanto trabajar. Puede que tan solo necesites estar a solas sin nadie a tu alrededor que te demande cosas. Tal vez te sientes solo y necesitas compañía. ¡Estas son las cosas que Jesús quiere que le pidas!

En muchas ocasiones, demasiadas, la oración es el último recurso que usamos para intentar conseguir lo que realmente queremos. Puede que la oración no te consiga aquello que quieres de manera inmediata, pero llenará tu corazón de gozo, paz, y la gracia necesaria para esperar con paciencia hasta que lleguen las cosas que deseas. Pide hoy en el nombre de Jesús.

☐ ACTO DE BONDAD

*Deja una bolsa con algunas golosinas
en el buzón para tu cartero.*

Cristo es nuestro hogar

Pero alégrense todos los que en Ti se refugian;
Para siempre canten con júbilo,
Porque Tú los proteges;
Regocíjense en Ti los que aman Tu nombre.

SALMOS 5:11, NBLA

Es difícil ver las noticias de personas que tienen que huir de sus hogares y quedarse en campos para refugiados. Imagina cómo sería dejar atrás todas tus cosas y mudarte a un campamento lleno de desconocidos, sin nada que puedas llamar tuyo. Si no permitimos que nuestras almas se refugien en Cristo, podemos convertirnos en refugiados espirituales.

Intentaremos llenar nuestras vidas con cosas que nos calmen y nos hagan sentir importantes, pero esas cosas no harán que tengamos gozo y nos sintamos a salvo. Jesús es tu guardián, y está ahí para protegerte. Aparta un tiempo hoy para orar por los refugiados de este mundo; que puedan encontrar un hogar. Y aparta un tiempo para permitir que tu corazón haga de Cristo su hogar.

❑ ACTO DE BONDAD

*Haz una donación de material escolar
a la escuela de tu comunidad.*

Alegría renovada

Cuando mi mente se llenó de dudas,
tu consuelo renovó mi esperanza y mi alegría.

SALMOS 94:19, NTV

Hay muchas cosas en las que nos falta confianza. Tal vez eres un padre primerizo que intenta lidiar con la incertidumbre de manejar el horario de un recién nacido. Puede que en un par de semanas comienzas un nuevo trabajo y no sabes muy bien qué esperar. Quizá estás empezando una nueva relación y no sabes cómo averiguar si es la decisión correcta.

Nuestras dudas pueden convertirse en obstáculos que pensamos que son demasiado difíciles de superar. En esos momentos, tenemos que dejar que Jesús llene nuestra mente y nuestro corazón. Puedes seguir haciendo del miedo tu hogar, o puedes decidir dejar que Dios renueve tu esperanza y tu alegría. Deja que Él llene tus pensamientos con todo lo bueno, amable, bondadoso, y correcto. Permite que la actitud de tu corazón disipe todas tus dudas. Comienza el día con el mensaje de esperanza de Cristo.

❑ ACTO DE BONDAD

Envía algún versículo que sirva de ánimo a un amigo.

Confesiones

Confiésense los pecados unos a otros y oren los unos
por los otros, para que sean sanados. La oración
ferviente de una persona justa tiene mucho poder
y da resultados maravillosos.

SANTIAGO 5:16, NTV

Todos tenemos secretos que son más oscuros de lo que nos
gustaría y que no estamos dispuestos a compartir. Algunos
de nosotros nos aferramos tanto a la perfección, que no
queremos reconocer nuestras debilidades. Puede ser que no
queramos asumir la responsabilidad de algún error o admitir
que no hemos jugado del todo limpio. Tal vez albergamos
sentimientos de afecto que no son saludables hacia algo
o alguien. Estas cosas tienen que sacarse a la luz, aunque
no ante todo el mundo; por lo menos, hazlo con alguien en
quien confías y que te ama incondicionalmente.

No está bien que te aferres a tus pecados y a tus ofensas,
porque no podrás experimentar sanidad hasta que hayas
confesado y aceptado la libertad de la culpa y la condenación.
Asegúrate de poder ser también ese amigo para alguien, para
así poder llevar las cargas los unos de los otros.

❏ ACTO DE BONDAD

Pregúntale a alguien cómo puedes orar por él o ella.

El ejemplo de los padres

Honra a tu padre y a tu madre, para que tus días sean prolongados en la tierra que el Señor tu Dios te da.

ÉXODO 20:12, NBLA

Nuestra relación con nuestros padres tiene mucha influencia sobre nuestra capacidad de ver a Dios como Padre. Tómate un tiempo para pensar en esas relaciones y lo que te han enseñado sobre el amor, el respeto, y el sacrificio. Para algunas personas es un proceso doloroso entender que no han recibido el amor y la dedicación que todos los niños merecen. Si esta es tu historia, entrégale ese dolor a Jesús y pídele que te revele la verdad del amor de Dios de modo que puedas recibirlo. Necesitas el cuidado del corazón paternal de Dios, que es dulce y da vida.

Para otros, es más fácil experimentar este amor porque sus padres fueron un buen ejemplo de poner el bienestar de sus hijos por encima del suyo propio, imitando el amor sacrificial de Cristo. Tómate un tiempo para dar gracias a Dios por ellos si esa es tu experiencia.

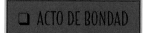

❏ ACTO DE BONDAD

Llama a tu padre (o alguna figura paternal para ti) y dile lo que más te gusta de él.

Sano otra vez

> Cuando se enfermen, Dios les dará fuerzas
> y les devolverá la salud.
>
> SALMOS 41:3, TLA

No hay mejor momento que el presente para pensar en cuán importante es la salud en nuestro mundo. Afortunadamente para muchos, la salud no es algo en lo que pensar todos los días. Es posible que nos olvidemos de ser agradecidos por tener salud cuando estamos bien, siendo consumidos por otras preocupaciones. Sin embargo, cuando estamos enfermos, el dolor es más que solo físico; la enfermedad puede llevarnos a la depresión, al temor y al estrés.

La enfermedad también puede ser un camino directo a experimentar el poder sanador de Cristo. Jesús está muy cerca de quienes no tienen buena salud, y está con ellos en medio de su sufrimiento, trayendo sanidad al corazón, a la mente, y si Él lo desea, al cuerpo también. Si estás enfermo o conoces a otras personas que lo están, declara este versículo, que es una promesa de esperanza, sobre ellos en oración.

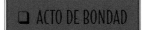

❏ ACTO DE BONDAD

*Lleva un ramo de flores al hospital más cercano
y pide que las pongan en la enfermería.*

Espero que te encuentres bien

Querido amigo, espero que te encuentres bien, y que estés tan saludable en cuerpo así como eres fuerte en espíritu.

3 JUAN 1:2, NTV

Cuando envías un mensaje o un correo electrónico a un amigo o familiar, ¿cómo comienzas a redactar? De verdad esperamos que las personas a las que amamos estén bien, y es bueno decirlo. Las personas deben saber que nos importan, especialmente en los momentos en los que el aislamiento y la soledad son más reales que nunca.

Aunque el mundo gire alrededor de las personas, las conexiones que tenemos pueden ser superficiales y solo a través de un dispositivo. Las conversaciones reales son cada vez más escasas, y una simple foto podría ser lo único que tengas para ponerte al día con alguien. Haz un esfuerzo hoy por saludar a algunas personas que conozcas, y diles que te importa su salud y su fortaleza.

❑ ACTO DE BONDAD

Escribe un mensaje a un amigo con tres cosas que admiras de él o ella.

Como niños

> «Así que el que se vuelva tan humilde como este pequeño es el más importante en el reino del cielo».
>
> MATEO 18:4, NTV

Tenemos mucho que aprender de la fe de los niños. Un niño confía rápidamente, ama con valentía, y está dispuesto a todo. Por eso Jesús nos insta a tener fe como la de los niños. Confiar en las promesas de las Escrituras requiere vulnerabilidad y un corazón dispuesto. Es posible que nos decepcionemos cuando el amor sacrificial que mostramos no es correspondido por quienes nos rodean. También es posible que otras personas, incluso creyentes, traicionen nuestra confianza; sin embargo, la fe requiere creer en el poder de Jesús para restaurar.

La fe implica creer que las cosas obrarán para bien, y aceptar el amor de Jesús significa que no tienes que intentar demostrar tu valor a otros. Permite que Jesús lleve tus cargas de dudas, inseguridades y temores para que puedas vivir en la libertad de un futuro asegurado en Cristo.

❑ ACTO DE BONDAD

Pega monedas con cinta en algún parque para que los niños las encuentren.

Paz por encima de la avaricia

¿Acaso no tienes ante ti toda la tierra?
Te ruego que te apartes de mí.
Si te vas a la mano izquierda, yo iré a la derecha;
y si te vas a la derecha, yo iré a la izquierda.

GÉNESIS 13:9, RVC

Abram y su sobrino Lot habían hecho un largo viaje juntos para llegar hasta la tierra que Dios les había prometido. Cuando llegaron, Abram tuvo que tomar una decisión; había tierra buena y había tierra muy buena. Abram decidió poner la paz por encima de la avaricia, y le cedió la tierra muy buena a su sobrino. Como resultado, Dios bendijo a Abram abundantemente.

Puede que tengas que tomar algunas decisiones hoy que requieran que sacrifiques algo que parece muy bueno por el bien de otro. Practica la generosidad y deja que Dios te bendiga.

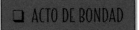

☐ ACTO DE BONDAD

Deja que otra persona de las que viven contigo decida qué programa ver.

Reconocido por justicia

El Señor lo llevó fuera, y le dijo: «Ahora mira al cielo y cuenta las estrellas, si te es posible contarlas». Y añadió: «Así será tu descendencia». Y Abram creyó en el Señor, y Él se lo reconoció por justicia.

GÉNESIS 15:5-6, NBLA

¿Por qué cosa has estado orando que sientes que Dios aún no te ha dado? La historia de la promesa de Dios a Abram y Sara nos recuerda que lo que decimos o hacemos no nos salva, sino lo que creemos.

No hay duda de que Abram y Sara se sentirían escépticos de que Dios les daría tantos descendientes como las estrellas del cielo cuando les estaba costando tener aunque fuera un solo hijo en su vejez. Pero lo que Dios dice es verdad, y su Palabra no volvió vacía. En algún momento del camino, Abram decidió creer y Dios dijo que su fe le hizo justo.

❏ ACTO DE BONDAD

Ofrécete a llevar en auto a un familiar que tenga que ir a algún sitio.

Salado

> «Ustedes son la sal de la tierra. Pero ¿para qué sirve la sal si ha perdido su sabor? ¿Pueden lograr que vuelva a ser salada? La descartarán y la pisotearán como algo que no tiene ningún valor».
>
> MATEO 5:13, NTV

Eres bendecido por el simple hecho de haber creído en Jesús y tener vida eterna. Cuando Jesús hablaba con sus discípulos, quería que supieran que tenían que compartir este regalo tan bueno que habían recibido.

La vida en Cristo no tiene sentido si perdemos aquello que nos diferencia del mundo. Cristo quiere que lleves una vida que muestre lo maravillosa que es la salvación. Tus palabras amables, tu generosidad, y el ánimo que des a otros pueden ser como la sal para un mundo soso.

☐ ACTO DE BONDAD

Escribe una nota rápida a un antiguo maestro o mentor que marcó una diferencia en tu vida.

Ama a tu enemigo

«Han oído la ley que dice: 'Ama a tu prójimo' y odia a tu enemigo. Pero yo digo: ¡ama a tus enemigos! ¡Ora por los que te persiguen!».

MATEO 5:43-44, NTV

Los caminos del mundo son diferentes a los caminos del reino. Jesús dejó esto muy claro cuando comparó lo que el mundo dice que debemos hacer con nuestros enemigos y lo que deberían hacer los seguidores de Cristo. Seguramente vienen a tu mente personas que te ven como una amenaza o que no son amables contigo. A veces hasta recibimos burlas por nuestra fe, ya sea abiertamente o sutilmente. Es a esa gente que Dios nos pide que amemos.

No es fácil orar por aquellos que te han hecho daño. Jesús lo entiende; Él tuvo que perdonar a todos los que lo llevaron hasta su dolorosa muerte en la cruz. Permite que Cristo te dé las fuerzas necesarias para practicar la bondad con aquellos que te han hecho mal.

❏ ACTO DE BONDAD

Ora por alguien que te haya hecho mal.

Sin escandalizarse

«Y bienaventurado es el que no se escandaliza de Mí».

MATEO 11:6, NBLA

Algunos días es fácil comenzar a preguntarse dónde está Dios en medio de todo lo que está ocurriendo. Podemos admitir que, algunas veces, la fe en Cristo parece absurda. Es posible también sentir algún grado de persecución cuando escuchamos a los demás reírse del cristianismo, o encontrar la manera de culpar a la religión por todo el mal que hay en el mundo.

Para el mundo, el mensaje de la cruz es un escándalo y hasta ofensivo. Para aquellos de nosotros que creemos, sin embargo, en el mensaje de Cristo nos sentimos plenamente realizados porque es un mensaje lleno de esperanza, paz, y gozo. Jesús puede encargarse de tus dudas, pero pídele que vuelva a darte una fe inconmovible para que sepas que estás viviendo en la verdad.

❏ ACTO DE BONDAD

Decide no ofenderte por lo que alguien haga o diga.

Octubre

Por lo tanto, siempre que tengamos la oportunidad, hagamos el bien a todos, en especial a los de la familia de la fe.

GÁLATAS 6:10, NTV

Hallado

«¿Qué les parece? Si un hombre tiene cien ovejas y una de ellas se ha descarriado, ¿no deja las noventa y nueve en los montes, y va en busca de la descarriada?».

MATEO 18:12, NBLA

No importa cuán maravilloso o imperfecto fue el amor de tu padre terrenal; el amor de tu Padre celestial no tiene límites. Medita en eso durante unos instantes. No hay nada que puedas hacer para cambiar lo que Él siente por ti, pero es fácil olvidar que somos amados con amor perfecto.

Nuestro Padre te ama más de lo que puedes imaginar, y haría cualquier cosa por ti. Recuerda eso a lo largo del día de hoy, y dale las gracias por cuidar tanto de ti. Mientras experimentas esta gratitud, piensa en otras personas en tu vida que son como esa oveja perdida, y ora para que encuentren el camino hacia Dios.

❑ ACTO DE BONDAD

Regálale un pastel a tu vecino.

Tener demasiado

Pero al oír el joven estas palabras, se fue triste,
porque era dueño de muchos bienes.

MATEO 19:22, NBLA

Las riquezas no suelen ser como esperamos que sean;
cuanto más tenemos, más podemos perder. Jesús quería
que el hombre rico tuviera un corazón compasivo: un
corazón dispuesto a entregarlo todo por el reino. Para
hacer eso, tendría que haber renunciado a la vida a la que
estaba acostumbrado.

Antes de pedirle a Dios que te bendiga con riquezas,
pídele que te bendiga con un corazón generoso. Dale
gracias por darte más de lo que necesitas, y pídele que te
ayude a contentarte con lo que tienes y a pensar más en
los demás. Llena tu corazón y tus manos de generosidad y
compasión.

❏ ACTO DE BONDAD

Haz una donación a una asociación benéfica.

Horas extra

Ciertamente, su trilla les durará hasta la vendimia, y la vendimia hasta el tiempo de la siembra. Comerán, pues, su pan hasta que se sacien y habitarán seguros en su tierra.

LEVÍTICO 26:5, NBLA

Es impresionante cuán ocupado está todo el mundo durante el día. A veces pensamos que trabajar no es algo espiritual, pero Dios quiere que seamos productivos para que tengamos una vida llena de bendiciones. Sea cual sea el trabajo que hiciste hoy, tienes que saber que Dios está orgulloso de ti. Tu empeño por hacer tu parte en este mundo está ayudándote a ser una bendición para tu familia y para otros.

Dios quiere que te sientas seguro en saber que Él te dará todo lo que necesites. Reflexiona acerca del trabajo que hiciste hoy, y recibe ánimo al saber que es parte del plan de Dios para darte provisión.

❑ ACTO DE BONDAD

Ofrécete a trabajar una hora gratis.

Profundamente conmovido

> Al ver llorar a María y a los judíos que la habían acompañado, Jesús se turbó y se conmovió profundamente.
> —¿Dónde lo han puesto? —preguntó.
> —Ven a verlo, Señor —le respondieron.
>
> JUAN 11:33-34, NVI

La historia de la muerte y resurrección de Lázaro fue milagrosa, pero el inicio fue doloroso. Cuando Jesús supo que su amigo había muerto, su corazón se conmovió. Tómate un tiempo para reflexionar acerca de la humanidad de Jesús y lo mucho que le importaban los demás. ¿Puedes imaginar a Jesús llorando abiertamente con Marta y María?

¿Estás dispuesto a compartir tus emociones con aquellos que te rodean? El Señor ha puesto a muchas personas diferentes en tu vida, cada una con sus propias pruebas y tribulaciones. Aprende a compartir el gozo y el dolor con los demás para que puedan experimentar el cuidado profundo de un verdadero amigo.

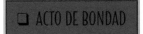

☐ ACTO DE BONDAD

Habla con alguien que haya perdido recientemente a un ser querido.

Como Jesús

«Pues si Yo, el Señor y el Maestro, les lavé los pies,
ustedes también deben lavarse los pies unos a otros».

JUAN 13:14, NBLA

Jesús demostró la grandeza de su amor haciendo el trabajo que correspondía a los sirvientes de baja categoría. Sus discípulos lo veneraban por el gran maestro que era, y aun así Él quiso mostrarles el cariño que les tenía a través de un acto de humildad.

Jesús quiere que nosotros mostremos esta misma humildad los unos con los otros. No importa si tenemos una posición, una carrera profesional, o un estatus de más prestigio; necesitamos el corazón compasivo de Jesús para servirnos los unos a los otros en amor.

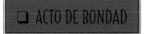

☐ ACTO DE BONDAD

*Prepara una bañera para pies y lávale los pies
a alguien de tu casa.*

Amor para siempre

Desde lejos el Señor se le apareció, y le dijo:
«Con amor eterno te he amado,
Por eso te he sacado con misericordia».

JEREMÍAS 31:3, NBLA

Hay amigos que son para siempre, y hay otros que son para una temporada concreta. Es posible que hayas formado un vínculo con un nuevo estudiante o un compañero de equipo, pero una vez que ese trabajo o esa temporada de tu vida se acabe, pasarás página. La familia, sin embargo, no está solo para una temporada. Ellos son los que aparecen en las fotos de cumpleaños y bodas, y que todavía reconoces porque pasas tiempo con ellos regularmente. Estas son las personas a las que deberías estar reafirmando tu amor.

Dios nos ha regalado un amor eterno acompañado de bondad infinita, por lo que nosotros también deberíamos ofrecer amor, perdón y bondad incondicionales a aquellos de nuestra misma sangre.

❏ ACTO DE BONDAD

*Escribe una nota de agradecimiento
a un amigo de toda la vida.*

¡Qué alegría!

¡Así es, el Señor ha hecho maravillas
por nosotros!
¡Qué alegría!

SALMOS 126:3, NTV

Es bueno sentarse de vez en cuando y ver fotos de tu niñez o tu adolescencia. Muchas de esas fotos son de buenos momentos: celebraciones familiares, vacaciones o hitos importantes.

Cuando recuerdes esos tiempos, dale gracias al Señor por las cosas asombrosas que Él ha hecho en ti y en tu familia. Intenta coleccionar los buenos momentos aunque ahora mismo esas relaciones estén más dañadas de lo que te gustaría. Pídele a Dios que te dé el regalo de la reconciliación en tu familia para que puedan celebrar juntos y exclamar: «¡Qué alegría!».

❏ ACTO DE BONDAD

Envía una tarjeta divertida a algún familiar.

Cambia tus pensamientos

Pongan la mira en las cosas de arriba,
no en las de la tierra.

COLOSENSES 3:2, NBLA

Pasamos una gran parte de nuestra vida a solas con nuestros pensamientos. Aunque tenemos vidas ocupadas, pensamos cuando conducimos, cuando trabajamos, e incluso a veces mientras alguien está hablando. Las cosas con las que llenamos nuestra mente a menudo se convierten en lo que decimos y hacemos.

Es posible que sientas que tus pensamientos simplemente ocurren, pero puedes cambiar tus pensamientos. La próxima vez que tu proceso interno sea negativo, ya sea sobre ti mismo o sobre alguien más, detén intencionalmente ese tren y bájate. Enfoca tu mente en otra dirección, en la gracia de Cristo, por ejemplo, y fíjate en la diferencia en tu modo de interactuar con los demás.

❏ ACTO DE BONDAD

Envía un mensaje positivo a alguien.

Un necio sabio

Nadie se engañe a sí mismo. Si alguien de ustedes
se cree sabio según este mundo, hágase necio
a fin de llegar a ser sabio.

1 CORINTIOS 3:18, NBLA

¿Eres de esas personas que tiene una opinión de todo?
Puede ser que siempre tienes algo que decir sobre lo que
está ocurriendo en la iglesia, en el trabajo, o en la vida
de otra persona. O tal vez piensas que tienes sabiduría o
experiencia que compartir que será útil para esa persona
en ese contexto. Está bien que compartas tu opinión, pero
a veces puede ser mejor que te limites a escuchar.

Podríamos decidir ver y leer solamente cosas que se
alineen con nuestro punto de vista, pero eso solo sirve para
reforzar nuestros sesgos, y no nos da un punto de vista
equilibrado de las cosas. No te dejes engañar pensando
que lo sabes todo. En lugar de ser sabio en estos tiempos,
aprende la «necedad» de la cruz. Sométete a escuchar al
Espíritu Santo que siempre te apuntará a la verdad.

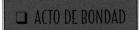

❏ ACTO DE BONDAD

Sé todo oídos para algún amigo. Solamente escucha.

No eres lo que comes

«Lo que contamina a una persona no es lo que entra en la boca, sino lo que sale de ella».

MATEO 15:11, NVI

Tendemos a juzgar mucho basándonos en las apariencias y las acciones externas. En los tiempos de la Biblia, las personas respetaban mucho la ley de lo que se podía y no se podía comer, y juzgaban a las personas basado en si guardaban la ley o no. En nuestros días tenemos ciertos estándares y códigos sociales de acuerdo a los cuales valoramos a los demás, como por ejemplo el tipo de ropa que se deberían poner para ir a la iglesia, las expresiones que se pueden usar, o a qué edad comienzan tus hijos a ir a la guardería.

Las Escrituras nos dicen con claridad que no podemos juzgar a las personas basándonos en nuestros propios estándares. Lo que realmente importa es lo que hay en el corazón de las personas, y eso no se puede saber sin conocerlas más en profundidad. Deja que Jesús sea el que juzgue.

❏ ACTO DE BONDAD

Decide tener un día libre de juicio.

Alimentación

«Bienaventurados los que tienen hambre y sed
de justicia, pues ellos serán saciados».

Mateo 5:6, NBLA

¿Cómo son tus respuestas cuando tienes hambre? ¿Te irritas con facilidad y no tienes ganas de hablar con nadie? ¿Comienzas a sentir que no tienes fuerzas para hacer lo que estás haciendo? Necesitamos la comida para alimentarnos y mantenernos activos durante el día, tanto físicamente como mentalmente.

De igual manera, necesitamos también alimento espiritual para estar nutridos, animados, y tener la capacidad de perseverar. Si te sientes espiritualmente vacío, tómate un tiempo para leer las Escrituras, orar con otra persona que disfrute de la oración, o escucha algo de música y permite que el Espíritu Santo te hable. Encuentra el modo de animar a alguien que pueda necesitar algo que nutra su cuerpo y su alma.

❑ ACTO DE BONDAD

Llévale a tu vecino unas galletas o alguna otra sorpresa.

Días malos

Líbrense de toda amargura, furia, enojo, palabras
ásperas, calumnias y toda clase de mala conducta.

EFESIOS 4:31, NTV

Todo el mundo tiene días malos. Puede ser que tu auto
se descompuso de camino al trabajo, o que no pudiste
encontrar la chaqueta para ponerte antes de salir a la
tormenta que había afuera. Tal vez te enojaste tanto
con alguien en casa, o en el atasco, que te has sentido
inquieto todo el día. Podemos pasarnos el día entero
lamentándonos por las cosas que han ido mal, y eso puede
afectar todas las demás cosas que hacemos, incluyendo
cómo nos relacionamos con otros.

Si tu día no ha sido el mejor, tómate unos momentos para
pedir sabiduría para la situación que estás viviendo. Tal
vez no puedas arreglar todo en un instante, pero Dios
puede ayudarte a superarlo. Si conoces a alguien que ha
tenido un mal día, recuérdale que Dios estará presente en
lo que necesite.

❑ ACTO DE BONDAD

Haz un cumplido a las tres primeras personas que veas.

Vivir en armonía

Esfuércense por vivir en paz con todos y procuren llevar una vida santa, porque los que no son santos no verán al Señor.

HEBREOS 12:14, NTV

Muchas veces estamos tan cómodos alrededor de las personas con las que vivimos, que ellas suelen ser las que tienen que aguantar nuestras quejas, discusiones, y llevar la carga de nuestro cansancio y dolor. A veces estamos irritables y se hace difícil aguantarnos, ¡y tenemos que saber admitirlo! De igual manera, las personas con las que vivimos también pueden hacernos sentir agotados con sus comentarios pasivo agresivos, o cualquier otra manera en la que manifiesten su irritabilidad. Sin embargo, recuerda que estas personas también son las que te amarán incondicionalmente y estarán disponibles para lo que necesites.

Haz un esfuerzo por demostrar únicamente amor, gracia y bondad hacia las demás personas de tu casa hoy. Deja de quejarte por un día, deja de estar molesto, y verás cómo cambia el ambiente.

❏ ACTO DE BONDAD

Decide no discutir o vengarte de alguien que está molesto contigo.

La constancia y el cambio

Mientras la tierra permanezca, la siembra y la siega, el frío y el calor, el verano y el invierno, el día y la noche, nunca cesarán.

GÉNESIS 8:22, NBLA

Las estaciones son un buen recordatorio de que, aunque las cosas a nuestro alrededor cambien, sigue habiendo muchas cosas que son constantes. Una de esas cosas que nunca cambian es que sabemos que el verano siempre llegará. Aunque las hojas empiecen a caerse en el otoño, sabemos que volverán a salir, y esto es aplicable a todo tipo de circunstancias. Puede que sientas que muchas cosas en tu vida se están desmoronando. Tal vez aún tienes alguna relación rota que restaurar, o debes mudarte a una nueva casa. Tal vez tengas que empezar a buscar trabajo. Estas cosas pueden desestabilizarnos y hacer que empecemos a sentir depresión o desesperación.

Renueva tu esperanza hoy recordando las estaciones. Puede que esté llegando el invierno, pero durante ese tiempo habrá sanidad y renovación para que estés preparado para la primavera.

❑ ACTO DE BONDAD

Deja un mensaje de ánimo escrito en el suelo con tiza.

Apártate

El Señor le da fuerza a su pueblo;
el Señor lo bendice con paz.

SALMOS 29:11, NTV

Las vacaciones pueden ser un buen tiempo para poner
a un lado todo el trabajo y los compromisos que tienes
para disfrutar de estar solo o con la familia. Recientemente,
los destinos han podido verse limitados y viajar no es tan
fácil como antes, pero aún podemos tomar tiempo para
apartarnos de la presión habitual de este mundo. Tal vez
puedas escaparte a algún lugar cercano pero que no sea tu
casa, para no caer en la trampa del mantenimiento del hogar.

Haz algo que renueve tus fuerzas y el estado de tus
relaciones con los demás. Jesús necesitaba tiempo a solas,
y a menudo se iba a un lugar tranquilo para descansar.
Tal vez puedas ir a encontrarte con Jesús en ese lugar
apacible y permitir que Él te llene de nuevo hasta rebosar,
para que tengas ganas de comerte el mundo de nuevo.

☐ ACTO DE BONDAD

*Ofrécete a cuidar del niño de algunos padres
que estén agotados.*

Toma de decisiones

Pongan todas sus preocupaciones
y ansiedades en las manos de Dios,
porque él cuida de ustedes.

1 Pedro 5:7, NTV

Tomar decisiones es difícil. Es fácil quedarse atascado analizando en exceso lo que deberíamos hacer, y podemos hasta escribir los pros y los contras de una opción u otra pero seguir dudando. No sabemos si la duda es una señal del Espíritu Santo, o es simplemente temor.

Si estás enfrentando una decisión importante ahora mismo, rinde toda tu ansiedad, estrés y temor a los pies de Jesús. Eso no significa que ya no estarás nervioso, pero cuando dejas las cosas a los pies de la cruz estás reconociendo que Jesús está en control. Espera las instrucciones claras del Espíritu Santo que te guiará a donde tengas que ir. Sabrás que has hecho lo correcto cuando sientas paz en cuanto a esa decisión. Dios cuida de ti, así que confía en que Él te llevó hasta ese lugar.

❏ ACTO DE BONDAD

Págale el café a la persona que esté detrás de ti en la fila.

Orgulloso de ti

Avanzo hasta llegar al final de la carrera para recibir el premio celestial al cual Dios nos llama por medio de Cristo Jesús.

FILIPENSES 3:14, NTV

¿Recuerdas la sensación de llegar a la casa con unas calificaciones muy buenas, o que habías quedado entre los tres primeros puestos en la carrera? Si tuviste la suerte de crecer en un hogar en el que tus padres se fijaban en esas cosas, sabrás lo bien que se siente que tus padres te digan que están orgullosos de ti.

Jesús está orgulloso de ti ahora mismo, traigas a casa buenas notas o no. Él cree que eres el mejor, y no puedes hacerle cambiar de opinión acerca de cuán maravilloso eres por mucho que dudes de ti mismo. En lugar de competir con los demás por ser el primero, o enfocarte solamente en tus logros, deja que gane otro o pon a otra persona por delante de ti. Lo que realmente importa es tu bondad, no tu orgullo.

☐ ACTO DE BONDAD

Permite que alguien pase delante de ti en la fila.

Buscar respuestas

Me buscarán y me encontrarán
cuando me busquen de todo corazón.

JEREMÍAS 29:13, NVI

¿Qué le estás pidiendo a Dios en esta temporada? Tal vez te preguntas si deberías quedarte donde estás o mudarte a otro lugar. Quizá intentas decidir a qué universidad ir. O tal vez estás decidiendo cómo llevar a cabo tu nuevo régimen alimenticio: qué deberías comer y a qué clases del gimnasio deberías ir. Es posible que también te preguntes si algún día encontrarás un cónyuge o una amistad profunda que te dé compañerismo.

Si no sientes que estás recibiendo respuestas ahora mismo, recuerda que Dios siempre está escuchando y Él siempre responde, pero es posible que no sea de la manera que esperas. Busca al Espíritu Santo en las palabras de un amigo sabio, en las Escrituras, y en tu propia intuición. Confía en que Él te está guiando hacia lo que estás buscando. Si conoces a alguien cercano que esté buscando respuestas, dale un versículo que le anime o dile que estás orando por él o ella, para que también tenga claro lo que debe hacer.

❏ ACTO DE BONDAD

*Ora por un amigo que esté pasando
por una situación difícil.*

Ejercer el control

Una persona sin control propio es
como una ciudad con las murallas destruidas.

PROVERBIOS 25:28, NTV

¿Alguna vez te ha pasado que te agarras a ti mismo quejándote y desvariando, sabiendo que lo que estás diciendo no está bien pero te permites a ti mismo hacerlo? Tener un arrebato puede servir para desahogarte, pero también puede hacer daño a alguien que quieres. Es importante incluir a Cristo en tu día a día y reconocerlo desde la mañana hasta la noche, para que seas muy consciente de su presencia y su habilidad para ayudarte a controlar tus emociones.

Si sientes que has sido víctima de las palabras crueles de otra persona, ora para que el Espíritu Santo trabaje también en su corazón y que pueda darse cuenta cuando se pase de la raya. Incorpora la gracia de Jesús a tus palabras y a tu manera de pensar.

☐ ACTO DE BONDAD

Mantén las acusaciones alejadas de tu boca.

Restauración para el mundo

> Luego Jesús salió de Capernaúm, descendió a la región de Judea y entró en la zona que está al oriente del río Jordán. Una vez más, las multitudes lo rodearon, y él les enseñaba como de costumbre.
>
> MARCOS 10:1, NTV

Cuando a Jesús le seguían multitudes de personas que le pedían ayuda, sanidad, enseñanza y victoria sobre sus opresores, Él debió cansarse de las expectativas de ellos. Pero las Escrituras dicen que Jesús es la representación completa de Dios, y eso significa que pudo llevar el peso del mundo sobre sus hombros.

Cuando mires a tu alrededor hoy, verás un número incontable de personas que están sufriendo, y es posible que sientas que son demasiadas como para que Dios se ocupe de todas ellas. Pero Dios es el Todopoderoso y es mucho más grande, más poderoso y más inteligente de lo que podemos entender. Él no ha apartado su mano de este mundo; todavía es parte activa de él a través de su Espíritu Santo. Ese mismo Espíritu es el que nos habla a nosotros. En lugar de desesperarte por la situación del mundo, ten esperanza en que Jesús sigue trayendo restauración a través de nosotros.

❏ ACTO DE BONDAD

Haz una donación a tu asociación benéfica favorita.

Instrucciones de amor

Los que aman tus enseñanzas tienen
mucha paz y no tropiezan.

SALMOS 119:165, NTV

Todos estamos familiarizados con el estrés. Hay muchas
cosas en nuestra vida que nos preocupan, nos presionan
y nos causan ansiedad. El mundo nos presenta incógnitas
y dilemas constantemente que nos roban el gozo y nos
quitan la paz. Puede que incluso estés enfrentando algunos
de esos dilemas hoy.

Pasa tiempo en la presencia de Dios, permitiendo que su
paz cubra tu corazón. Enfócate en su verdad y su poder
en lugar de hacerlo en tus problemas y tu debilidad. Dios
puede tomar todo lo que te preocupa y cambiarlo por una
paz que va más allá de lo que puedas imaginar. Él está
centrado en prepararnos para su reino eterno y, como
resultado, su presencia nos ofrece esperanza y gozo eterno
que es lo opuesto a los estresores de la vida cotidiana.

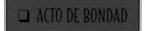

❏ ACTO DE BONDAD

Llévale flores a alguien de tu casa.

Quemado

Pónganse toda la armadura de Dios para poder
mantenerse firmes contra todas
las estrategias del diablo.

EFESIO 6:11, NTV

¿Alguna vez te has mirado en el espejo al final de un día
largo, dándote cuenta de que el sol había sido más fuerte
de lo que creías? Para entonces, ya tienes la piel enrojecida
o las líneas de bronceado más marcadas de lo que querías.
A veces nos olvidamos de protegernos como deberíamos
cuando salimos al mundo; no nos llevamos la armadura
espiritual que necesitamos para guardarnos de los ataques
del enemigo, ya sean tentaciones o palabras hirientes
que digan contra nosotros. Tal vez, cuando llegues a
casa te darás cuenta de que lo que ocurrió en el día te ha
quemado.

Asegúrate de ponerte toda la armadura de Dios cuando
salgas al mundo, para que puedas lidiar con cualquier
cosa que se cruce en tu camino. Está listo también para
defender a otra persona si parece que está siendo atacada.

❑ ACTO DE BONDAD

*Incluye en una conversación a alguien
que no suele tener mucho que decir.*

Afecto significativo

Entonces les tocó los ojos, diciendo:
«Hágase en ustedes según su fe».

MATEO 9:29, NBLA

Seguro que tienes personas en tu vida que sabes que aprecian el afecto. Su lenguaje del amor es el toque físico, y aunque tal vez tú no seas de los que les encanta dar o recibir ese tipo de afecto, es importante que lo hagas con aquellas personas para las que sabes que es importante.

Si hay alguien en tu vida que sabes que lo está pasando mal o que necesita un poco de ánimo, pasa tiempo con esa persona y asegúrate de darle un abrazo o un golpecito en el hombro. Estas pequeñas cosas demuestran que de verdad te importan. Igual que hacía Jesús, nuestro toque físico puede llevar sanidad al corazón y a la mente de alguien.

❏ ACTO DE BONDAD

Dale un abrazo a alguien.

A la luz

Pero ustedes son linaje escogido, real sacerdocio,
nación santa, pueblo adquirido para posesión de Dios,
a fin de que anuncien las virtudes de Aquel que
los llamó de las tinieblas a Su luz admirable.

1 PEDRO 2:9, NBLA

La noche puede darnos miedo, sobre todo porque no
podemos ver lo que está ocurriendo. El sonido de la puerta
de un auto cerrándose bruscamente no te preocupa en el
día como lo hace en la noche. Escuchar gente hablando
a voces puede ponerte más nervioso al atardecer que
a mediodía, y seguro que por el día ves un thriller sin
problema, ¡pero en la noche cuando te vas a dormir sientes
que te persiguen!

Esta es una buena analogía de lo que es una vida sin la luz
de Jesús. Las personas están llenas de ansiedad y temor,
llenas de inseguridad con respecto a su futuro. Cuando la
luz de Jesús brilla y les da a las personas una razón para
tener esperanza y recibir sanidad, pueden caminar con
confianza. Si hay alguna forma en que puedas llevar luz a la
vida de alguien hoy, ¡encuéntrala!

❏ ACTO DE BONDAD

Regálale una vela aromática a un amigo o amiga.

Mi porción para siempre

Mi carne y mi corazón pueden desfallecer,
Pero Dios es la fortaleza de mi corazón
y mi porción para siempre.

SALMOS 73:26, NBLA

Hay momentos en los que nos sentimos fuertes e independientes, y otros en los que nos damos cuenta de que somos totalmente dependientes de los demás. Dios nos ha dado dones y fortalezas, pero seguimos siendo criaturas finitas y a veces tenemos que admitir que no podemos hacerlo todo solos.

El salmista se dio cuenta de eso y reconoció que Dios es la fuente de fortaleza. Es un gran alivio saber que Dios es tu roca ahora y para siempre. Cuando perdemos el control y el temor toma las riendas, hay algo de lo que podemos estar seguros: Él es nuestra fortaleza; Dios nunca pierde el control. Imita hoy a Jesús y sé esa roca para alguien que está enfermo o tiene el corazón roto.

❑ ACTO DE BONDAD

Envía un versículo a un amigo que está sufriendo.

Sin palabras

Sean gratas las palabras de mi boca y la meditación de
mi corazón delante de Ti, Oh Señor,
roca mía y Redentor mío.

SALMOS 19:14, NBLA

Cuando las personas están pasando por momentos
difíciles, a menudo buscan opiniones y consejos. A veces
no sabemos cómo responder porque no tenemos las
respuestas o el conocimiento necesario para ayudar. Tal
vez estés preocupado por lo que dirás cuando tengas una
discusión fuerte con alguien, o quizá quieras incluir la fe en
alguna conversación pero no sabes cómo va a responder la
otra persona.

Recuerda que el Espíritu Santo es tu ayudador. Ten la
confianza de saber que tienes a la persona más sabia
y amorosa a tu lado, y deja que Él te dé las palabras
correctas. Incluso aunque no atines con las palabras, su
amor brillará a través de ti.

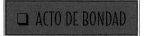

❏ ACTO DE BONDAD

Envía un mensaje positivo a cinco personas diferentes.

Atascados en el barro

Porque nuestra lucha no es contra seres humanos, sino contra poderes, contra autoridades, contra potestades que dominan este mundo de tinieblas, contra fuerzas espirituales malignas en las regiones celestiales.

EFESIOS 6:12, NVI

¿Alguna vez has caminado sobre barro, dándote cuenta de que tienes que pisar despacio y con cuidado para que los zapatos no se te queden pegados al dar el siguiente paso? La vida puede ser así a veces. En ocasiones sentirás que dar un paso más cuesta demasiado. Podemos sentirnos atascados por nuestras circunstancias, relaciones, o nuestra falta de capacidad o energía para seguir adelante. A veces incluso te faltará la fuerza física o mental para avanzar.

Si sientes que estás en esa posición ahora mismo, pide un milagro. Jesús no quiere que el pecado o las circunstancias pesen, impidiéndote avanzar, así que deja esas cargas. Está listo para el milagro, y confía en que Él te dará libertad definitiva. Prepárate para comenzar a correr de nuevo.

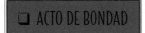

☐ ACTO DE BONDAD

Deja algunas calabazas sin tallar en la puerta de la casa de alguna familia.

Mirar más allá

Con toda oración y súplica oren en todo tiempo
en el Espíritu, y así, velen con toda perseverancia
y súplica por todos los santos.

EFESIOS 6:18, NBLA

En un mundo en el que hemos pasado más tiempo en casa
que nunca, puede llegar a ser más difícil reconocer las
necesidades de aquellos que nos rodean. Posiblemente no
sepas cómo está algún amigo, o cómo algún compañero
a compañera de la iglesia está lidiando con la situación. Es
posible que, al haber estado tan aislado, te hayas olvidado de
las personas sin techo en las ciudades o las personas de otras
partes del mundo que están sufriendo todo tipo de tragedias.

Piensa más allá de tu tiempo y espacio, y mira hacia la
comunidad a tu alrededor para ver si hay formas en las que
puedas ser generoso con aquellos que más lo necesitan.

❏ ACTO DE BONDAD

Dale algún dinero a alguien.

Apoyar a los líderes

Procuren llevar una vida ejemplar
entre sus vecinos no creyentes.
Así, por más que ellos los acusen de actuar mal,
verán que ustedes tienen una conducta honorable
y le darán honra a Dios cuando él juzgue al mundo.

1 PEDRO 2:12-14, NTV

No todos nuestros líderes, políticos y aquellos que toman decisiones son malos. Por lo general, solo vemos lo peor de las personas que están en autoridad, pero también debemos reconocer que Dios puede obrar en sus corazones y que necesitan la gracia de Jesús igual que nosotros.

No podemos ser los que tiren la primera piedra porque nosotros también estamos llenos de orgullo, arrogancia, y opiniones que pueden no ser correctas. Ora por tus líderes. No tienes por qué estar de acuerdo con ellos, pero puedes honrarlos pidiéndole a Dios que les dé más integridad y les ayude a liderar con más sabiduría.

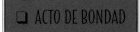

❏ ACTO DE BONDAD

Envía una tarjeta de agradecimiento a un líder.

Consuelo en la promesa

Tu promesa renueva mis fuerzas;
me consuela en todas mis dificultades.

SALMOS 119:50

El duelo es algo extraño; aparece en los lugares más inesperados. A medida que pasa el tiempo y la vida sigue, debemos aprender a llevar en sintonía todos nuestros sentimientos tan variables. Es posible sonreír, reírnos, y estar completamente felices pero cargar con el dolor del duelo en lo más profundo de nuestro ser. No lo olvidamos, pero tampoco es que por sonreír estemos traicionando aquello por lo que hacemos duelo.

Como hijo o hija de Dios, tienes la promesa de una esperanza que puede revivirte hasta en el momento más triste. Aunque tu dolor sea real, profundo, y a veces sobrecogedor, tu Dios es fuerte y puede sacarte del pozo más profundo, y aunque sea difícil imaginarlo, puede darte gozo.

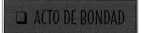

❏ ACTO DE BONDAD

Envía un buen recuerdo de alguien que ha fallecido a alguien de su familia.

Vivir en el futuro

Ciertamente el bien y la misericordia
me seguirán todos los días de mi vida,
Y en la casa del Señor moraré por largos días.

SALMOS 23:6, NBLA

¿Sueñas constantemente con tu futuro, o eres de los que viven la vida día a día? Ya sea que estés constantemente mirando hacia delante o asegurándote de hacer todas las cosas que debes hacer en el día, recuerda que Dios está contigo en cada paso. Jesús, que es tu pastor, está a tu lado en el arduo camino del día a día y también te guía hacia un futuro brillante de verdes pastos.

Llénate de esperanza para el futuro, pero piensa también en aquellos que están luchando para salir adelante y no saben qué les deparará al futuro. Ora por ellos, y haz algo hoy que les ayude a entender la guía de Dios en sus vidas.

❏ ACTO DE BONDAD

*Pon un comentario positivo en las redes sociales
de algún amigo.*

Noviembre

**Ámense unos a otros con un afecto genuino
y deléitense al honrarse mutuamente.**

ROMANOS 12:10, NTV

Por qué no

«Clama a mí y te responderé, y te daré a conocer cosas grandes y ocultas que tú no sabes».

JEREMÍAS 33:3, NVI

Si eres papá o mamá, o has sido parte activa de la crianza de algún niño, sabrás que muchas de las frases que se les dicen a los niños empiezan por un simple «no». Aunque parezca muy negativo, lo hacemos por amor. Decimos «no» porque no queremos que un niño se haga daño, porque puede estar a punto de hacerle daño a otro, o porque no tenemos los recursos para hacer lo que nos está pidiendo que hagamos.

De la misma forma, es posible que tú estés orando por algo y sientas que Dios te está diciendo que no. Tienes que saber que Dios te escucha y quiere lo mejor para ti. Si Él dice no, puedes estar seguro de que es por una buena razón.

❏ ACTO DE BONDAD

Haz una donación de juguetes a tu Iglesia local.

El clima perfecto

El que observa el viento no siembra,
Y el que mira las nubes no siega.

ECLESIASTÉS 11:4, NBLA

Si vives en un lugar que experimenta todo tipo de patrones atmosféricos, seguramente pasas mucho tiempo mirando la previsión del tiempo. Tal vez esto sea necesario si tu trabajo depende de la meteorología, pero a veces solo lo hacemos para poder tomar decisiones acerca de eventos, excursiones, o el trabajo que podremos adelantar en casa.

En lugar de emplear el tiempo preocupándote por el clima, date permiso a ti mismo para disfrutar de lo que está ocurriendo en el presente; «*carpe diem*», como se suele decir. Aprovecha las oportunidades que trae cada clima: sal a caminar bajo la lluvia si está lloviendo, haz volar una cometa si hace viento, y cuida el jardín si hace sol. ¡Hazte amigo del clima!

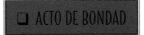

❏ ACTO DE BONDAD

Ve a dar un paseo con un amigo.

Guiado por la compasión

—No tengo plata ni oro —declaró Pedro—,
pero lo que tengo te doy.
En el nombre de Jesucristo de Nazaret,
¡levántate y anda!

HECHOS 3:6, NVI

Posiblemente estés cansado de que la gente te acerque los cubos para donaciones cuando vas a entrar a un supermercado, o de recibir tantos correos electrónicos de asociaciones sin fines de lucro acerca de personas que tienen necesidad. Puede parecer que siempre nos están pidiendo dinero, pero la historia del mendigo de la puerta del templo es un relato precioso sobre responder, más allá del dinero, ante la necesidad de alguien.

Cuando Pedro y Juan pasaban por allí, el mendigo pidió dinero, y aunque ellos no tenían, llevaban en su interior el poder de Cristo. ¡El mendigo pasó de no tener nada a ser completamente sano y restaurado! Jesús puede hacer milagros a través de ti también. Solo tienes que estar dispuesto a detenerte y pensar qué tienes para ofrecer.

❏ ACTO DE BONDAD

Ofrécete a orar por alguien que esté enfermo.

Rascacielos

Porque grande, hasta los cielos, es Tu misericordia,
Y hasta el firmamento Tu verdad.

SALMOS 57:10, NBLA

¿Alguna vez has visto algo tan alto que casi toca el cielo?
El árbol más alto seguramente es espectacular, y el
rascacielos más alto es una hazaña increíble, ¡pero eso no
es nada comparado con la misericordia de Dios!

Seguramente no te consideres una persona crítica, pero
analizar o evaluar los comportamientos y las actitudes
de los demás, especialmente comparándolos con los
nuestros, es parte de nuestra naturaleza humana. Cuando
sientas que estás haciendo eso, deja que la grandeza
de la misericordia de Dios te ayude a poner las cosas en
perspectiva. Su amor es sencillamente mucho más grande
que nuestras quejas.

❏ ACTO DE BONDAD

*Envía un correo electrónico de agradecimiento
a un compañero de trabajo.*

Estoy aburrido

Y además, aprenden a estar ociosas,
yendo de casa en casa. Y no solo son ociosas,
sino también charlatanas y entremetidas,
hablando de cosas que no son dignas.

1 Timoteo 5:13, nbla

Normalmente, son los niños lo que se quejan de
estar aburridos, porque no tienen la carga de las
responsabilidades del hogar y el trabajo. Cuando escuchas:
«¡No tengo nada que hacer!», puede parecerte insultante.
¿Acaso no te encantaría a ti no tener nada que hacer?

La Biblia dice que el aburrimiento, o estar sin hacer nada
y ocioso, puede tener como resultado comportamientos
poco saludables. Seguramente se te ocurre alguien que
pasa demasiado tiempo quejándose con el periódico
local, o hablando con el vecino sobre los otros vecinos y
diciendo cosas que no debería. Comprométete a seguir
involucrado de manera activa en tu comunidad para que
no te conviertas en una de esas personas. Encuentra algo
benéfico que hacer que te mantenga ocupado si estás en
una etapa de tu vida en la que te sientes aburrido.

☐ ACTO DE BONDAD

*Ofrécete para ayudar en alguna asociación
sin fines de lucro.*

Aviones de papel

Toda la Escritura es inspirada por Dios
y es útil para enseñarnos lo que es verdad y para
hacernos ver lo que está mal en nuestra vida.
Nos corrige cuando estamos equivocados
y nos enseña a hacer lo correcto.

2 Timoteo 3:16, ntv

Si alguna vez has intentado hacer un avión de papel que
sea un poco más complicado que el modelo estándar,
sabrás que tienes que seguir unas instrucciones bastante
complejas. Si no sigues las indicaciones para cada pliegue,
tu avión se tambaleará y no llegará muy lejos.

La Biblia es nuestro manual de instrucciones; nos da las
claves para vivir la vida al máximo. Si nos aseguramos
de seguir las instrucciones, no solo como el que cumple
normas sino como indicaciones que nos ayudarán a
prosperar, seremos mejores personas. Si crees que alguien
podría beneficiarse de la sabiduría de las Escrituras, busca
una manera suave de sugerirlo.

❑ ACTO DE BONDAD

Escribe un mensaje amable en un espejo o en una pizarra.

Gracias

¡Gracias a Dios por tu buen juicio!

1 Samuel 25:33, ntv

Cuando las personas tienen algún gesto amable con nosotros, podemos pasar de estar tristes a estar contentos. ¿Cuándo fue la última vez que alguien hizo algo por ti? ¿Cuándo fue la última vez que tú hiciste algo por alguien? ¿Cuándo fue la última vez que te fijaste en algo que otra persona hizo por tu comunidad?

Ya sea que hayas recibido o hayas dado, siempre es bueno saber que los demás lo aprecian. El esfuerzo que hagas para expresar realmente tu agradecimiento siempre será bien recibido. Es bueno reconocer la bondad y tener corazones llenos de agradecimiento.

❑ ACTO DE BONDAD

Envía una tarjeta de agradecimiento a tu comisaría o parque de bomberos más cercano.

Corazón por encima del conocimiento

El hacer justicia y derecho
Es más deseado por el Señor que el sacrificio.

PROVERBIOS 21:3, NBLA

Estudiamos cuando tenemos que hacer un examen porque las buenas calificaciones demuestran que tenemos los conocimientos necesarios para recibir la certificación para la que estudiamos. Si obtenemos las calificaciones correctas significa que podemos conseguir logros en nuestra vida académica y en nuestra profesión.

A menudo intentamos obtener y demostrar nuestro conocimiento sobre las cosas de Dios para ser aceptados por Él, porque vivimos basándonos en los logros. No es así como Dios ve las cosas; sabe que, si lo amamos a Él y a los demás, ¡ya hemos aprobado el examen! Lo que realmente importa es tu corazón y tu capacidad para amar al mundo que te rodea.

❏ ACTO DE BONDAD

Escribe una nota breve a una antigua maestra o a algún mentor que marcó la diferencia en tu vida.

Fortaleza

Dios es quien me infunde fuerzas;
Dios es quien endereza mi camino;

SALMOS 18:32, RVC

¿Alguna vez has estado falto de palabras, sin la capacidad de comunicar el punto que querías? No siempre tenemos todas las respuestas, y a veces tenemos que ser lo suficientemente humildes como para admitir que no entendemos. Este versículo es un buen recordatorio de que Dios es la fuente de nuestra fortaleza.

Cuando estés pasando por un tiempo difícil o tengas que tomar una decisión complicada, no tienes por qué depender de tu propio entendimiento, porque no es perfecto. Mejor busca a Dios como tu fuente, y Él guiará tu mente y tu corazón hacia lo correcto.

❏ ACTO DE BONDAD

Llama a alguien que amas solo para decir: «Te amo».

Confianza valiente

El que anda en integridad anda seguro,
Pero el que pervierte sus caminos será descubierto.

PROVERBIOS 10:9, NBLA

La integridad es hacer lo correcto aunque puede
que nadie lo sepa nunca, y es algo fundamental para
nuestros estudios, nuestro trabajo, y nuestras relaciones.
Las personas tienen que poder confiar en ti, y cuando
demuestres que es así, te darán cosas más importantes
que hacer. Con Cristo en tu vida puedes estar seguro de
que Él siempre estará a tu lado.

A veces tenemos que recordar que Él ve nuestras acciones
y nuestras obras. Tómate un tiempo para pensar en lo que
hiciste haciendo hoy, y si lo harías igual si Jesús estuviera
de pie junto a ti. Si tienes que pedir perdón, ¡hazlo! Y
después asegúrate de hacer lo correcto la próxima vez.

❏ ACTO DE BONDAD

Termina una tarea de otra persona que dijiste que harías.

En la lucha por ti

Dios es nuestro refugio y fortaleza,
Nuestro pronto auxilio en las tribulaciones.
Por tanto, no temeremos aunque la tierra sufra cambios,
Y aunque los montes se deslicen al fondo de los mares;
Aunque bramen y se agiten sus aguas,
Aunque tiemblen los montes con creciente enojo.

SALMOS 46:1-3, NBLA

¿A qué dificultades y temores te estás enfrentando ahora
mismo? ¿Estás preocupado por un hijo adolescente, por
cómo vas a pagar aquella factura inesperada, o si tendrás
suficiente tiempo para estudiar para el siguiente examen?
Dios es nuestra ayuda cuando más lo necesitamos. A veces,
nuestros corazones y mentes llenos de dudas necesitan
algo más que ayuda; en ocasiones, necesitamos provisión
o protección prácticas. Dios puede ayudarnos a través de
otras personas, y muchas veces esa es la manera en la que
Dios se muestra: a través del ánimo y al apoyo de los demás.

¿Has experimentado la bondad, generosidad o protección
de alguien recientemente? Dale gracias a Dios por ser tu
pronto auxilio en las dificultades.

❏ ACTO DE BONDAD

*Da las gracias por su servicio a algún
militar activo o a un veterano.*

Dar la espalda

Si confesamos nuestros pecados,
Él es fiel y justo para perdonarnos los pecados
y para limpiarnos de toda maldad.

1 Juan 1:9, NBLA

El arrepentimiento no es solo hacer la oración que toca
y repetir unas palabras concretas. El arrepentimiento es
el acto de dar la espalda, y a veces eso implica dar la
espalda una y otra vez a aquel pecado que te ha atrapado.
El arrepentimiento requerirá una dedicación constante a
mantener tu corazón y tus motivaciones limpias para Dios.
Esto no significa que siempre saldrás victorioso, pero sí
que estás haciendo tu mejor esfuerzo.

Anímate sabiendo que la gracia de Jesús cubre todo el
pecado; no hay nada que Dios no te haya perdonado. Si
ves a alguien atrapado en el mal, ora para que el poder de
Cristo se manifieste en su vida y pueda darle la espalda.

❑ ACTO DE BONDAD

Pide perdón a alguien a quien hayas herido.

Un espíritu extraordinario

Pero este mismo Daniel sobresalía entre los funcionarios y sátrapas porque había en él un espíritu extraordinario, de modo que el rey pensó ponerlo sobre todo el reino.

DANIEL 6:3, NBLA

¿En qué has destacado últimamente? Tal vez has terminado un proyecto antes de tiempo, has tenido alguna pequeña victoria en la crianza de tus hijos, o has aprobado un examen con muy buena calificación. ¡Enhorabuena por tus logros!

Mientras reflexionas en lo que has podido hacer, recuerda quién te ha dado las habilidades, los talentos y las circunstancias para poder lograrlo. Eres bendecido, y es bueno reconocer con humildad a Aquel que te creó para hacer cosas buenas.

☐ ACTO DE BONDAD

Ofrécete para enseñar arte, música, deporte, o algún otro talento a un niño.

Renovado y restaurado

Él renueva mis fuerzas.
Me guía por sendas correctas,
y así da honra a su nombre.

SALMOS 23:3, NTV

¡Es hora de ser restaurado! Cuando el buen pastor te guía hacia el alimento, serás restaurado. Debes descansar y recibir su provisión. ¿Qué cosas te ha dado Él, incluso hoy mismo, para renovarte y restaurarte? ¿Qué caminos estás viendo que Dios abre delante de ti?

A medida que le permitas guiarte en este camino de la fe, confía en que cada paso que das con Él es el correcto. Que no te guíe la ansiedad; deja que Él te conduzca a un lugar placentero. Deja que Él renueve tu alma para que puedas confiar en su guía para la próxima decisión que tengas que tomar.

❏ ACTO DE BONDAD

Arranca algunas malas hierbas del jardín de alguien cuando pases cerca.

Automatización

Hagan lo que hagan, trabajen de buena gana,
como para el Señor y no como para nadie
en este mundo.

COLOSENSES 3:23, NVI

La mayoría de las cosas que hacemos ahora son muy automáticas. Podemos ordenar que cosas se prendan con la voz, y pedir indicaciones a nuestros teléfonos sin tener que levantar un dedo. Hasta cocinar puede ser algo automático con los paquetes de comida preparada que incluyen todos los ingredientes y unas instrucciones sencillas. Aunque la automatización tiene beneficios, también debemos ser conscientes de que puede hacer que estemos menos dispuestos a trabajar cuando debemos hacerlo.

Hacer cosas amables por los demás a menudo requerirá un sacrificio y esfuerzo físico; tal vez tengas que ir a comprar un pequeño regalo, cocinar algo casero, o sacrificar de tu tiempo a solas para llevar a alguien a una cita. Nada de eso puede hacerse apretando un botón. Pídele a Dios que te dé la fuerza y la energía para ser generoso.

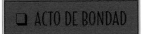

❏ ACTO DE BONDAD

Pregúntale a algún vecino anciano si hay algo que necesite comprar y que puedas llevar a su casa.

A última hora

Toma lo que es tuyo, y vete;
pero yo quiero darle a este último
lo mismo que a ti.

MATEO 20:14, NBLA

¡Hoy es el día! No sé si eres de los que tienen facilidad para dejar las cosas para el último momento, como aquellos que reciben la salvación en su lecho de muerte, llegando por fin a ver y aceptar la verdad.

El punto de esta parábola de las Escrituras, sin embargo, es que aunque todos son bienvenido en el reino, es más bienaventurado el que tuvo una vida con la libertad, la paz, y el gozo de caminar con Cristo. Ya que eres consciente de que es mejor vivir la vida con Cristo, pon algo de urgencia en la tarea de compartir la esperanza que es Jesús. Comparte tu fe abiertamente y con valentía, sabiendo que es mejor no dejarlo para el último minuto.

❏ ACTO DE BONDAD

Comparte un versículo de esperanza con un incrédulo.

Palabras al viento

He oído muchas cosas como estas;
Consoladores molestos son todos ustedes.
¿No hay fin a las palabras vacías?
¿O qué te provoca para que así respondas?

JOB 16:2-3, NBLA

Job sufrió la peor fortuna: todo le fue arrebatado, hasta su salud. Aunque sus amigos lo visitaron para hacerle compañía, ¡claramente no tuvieron nada bueno que decir! Cada uno de esos amigos tomó su turno para dar consejos o explicaciones sobre su tragedia, pero lo que Job realmente necesitaba era personas sabias que fueran empáticas y estuvieran ahí para suplir sus necesidades.

Si conoces a alguien que esté sufriendo, pídele al Espíritu Santo que te muestre la mejor forma de ayudar en su necesidad. Podría ser solo sentarte con él o ella, llevarle algo práctico, o animarlo con la verdad de que no está solo. Evita dar tus opiniones, porque tal vez no sean lo mejor para animar a esa persona. Sé sensible y está atento a lo que Dios está haciendo en ellos antes de hablar.

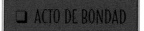

❏ ACTO DE BONDAD

*Compra un vale o tarjeta de gasolina
para algún joven adulto.*

Aliento de Dios

La tierra estaba sin orden y vacía, y las tinieblas cubrían la superficie del abismo, y el Espíritu de Dios se movía sobre la superficie de las aguas.

GÉNESIS 1:2, NBLA

Si midieras cuán a menudo oras, vas a la iglesia o lees la Biblia, puede que no te consideraras una persona muy espiritual. Sin embargo, como creyente, has recibido a Jesús que ha soplado aliento de vida en tu interior.

La palabra que se utiliza en este versículo para referirse al Espíritu Santo, *ruaj*, puede significar viento, aliento, o espíritu. El Espíritu que se movía sobre la superficie de las aguas en el principio es el mismo Espíritu que vive en ti y es tan natural como tu respiración. No tienes que ser religioso o haber dominado todas las disciplinas espirituales, ¡solo recibe al Espíritu Santo en tu interior y fíjate cómo transforma lo ordinario en algo extraordinario!

ACTO DE BONDAD

Ofrécete para ayudar en la iglesia.

La sabiduría personificada

Da instrucción al sabio, y será aún más sabio,
Enseña al justo, y aumentará su saber.

PROVERBIOS 9:9, NBLA

Este versículo no está diciendo que para ser enseñado tienes que ser inteligente. Lo que quiere decir es que eres inteligente solo por el hecho de aceptar que necesitas ser enseñado. ¿Alguna vez has estado en la iglesia, sentado y escuchando a tus pastores, y criticando todo lo que decían? O tal vez has levantado las cejas con frustración cuando una persona mayor comienza a darte su opinión sobre tus decisiones.

No tienes por qué escuchar todo lo que los demás dicen, pero es bueno pedir consejo a algunas personas de confianza. Dios ha puesto en tu vida s personas para que te guíen a lo que es mejor para ti. Sé enseñable.

❏ ACTO DE BONDAD

Escribe una nota breve a alguien que haya marcado la diferencia en tu vida.

El reino animal

El justo se preocupa de la vida de su ganado,
Pero las entrañas de los impíos son crueles.

PROVERBIOS 12:10, NBLA

¿Alguna vez has experimentado el ánimo que produce
ver algún pequeño acto de un animal? Tal vez haya sido
el dulce canto de un pájaro, un gato que se sienta sobre
tus piernas, la mirada simpática de un perro, o el suave
zumbido de un colibrí. El reino animal es un despliegue
increíble de la creatividad de Dios. Son parte del reino
de Dios, y Él los usa para traer gozo, ayuda y compañía a
nuestras vidas.

¿Cuál es tu animal favorito? Tal vez no te hayan hecho esta
pregunta desde que eras niño, ¡pero seguro que tienes uno!
Cuando piensas en esa criatura, deja que los sentimientos
que te produce se expresen como agradecimiento y
alabanza a Dios por la increíble obra de sus manos.

☐ ACTO DE BONDAD

Haz una donación a un refugio de animales.

Matrimonio

«Y los dos llegarán a ser un solo cuerpo».
Así que ya no son dos, sino uno solo.

MARCOS 10:8, NVI

Sabemos que muchos matrimonios en este mundo no funcionan. Esta es la triste realidad, pero todavía nos sorprendemos cuando las personas se separan. Las tentaciones de este mundo y el estrés de las situaciones que enfrentamos pueden hacer que las personas tomen caminos diferentes. Tal vez lo experimentaste con la separación de tus padres, o tú mismo estés pasando por una ruptura. Quizá estás felizmente casado y esperas no seguir ese camino, o estás a punto de casarte y crees firmemente que el amor lo conquistará todo.

Todos tenemos historias diferentes de vida, y nunca sabemos a ciencia cierta lo que ocurrirá, pero podemos confiar en que Dios hace que todo obre para el bien de aquellos que confían en sus caminos. Ora hoy por el matrimonio inestable de alguna persona que conozcas, y pídele a Dios que lo fortalezca.

❏ ACTO DE BONDAD

Regálale una tarjeta de restaurante a un matrimonio para que puedan tener una cita juntos.

Esperar sin preocupación

La ansiedad en el corazón del hombre lo deprime,
Pero la buena palabra lo alegra.

PROVERBIOS 12:25, NBLA

Las cosas buenas tardan en llegar. ¿Recuerdas cuando eras joven y querías ser mayor ya para poder tener la libertad de hacer las cosas que los hijos mayores podían hacer? Tal vez esperas con ansias tu cumpleaños o la Navidad porque te encantan las celebraciones.

En el día a día también esperamos, por ejemplo en la caja para pagar en una tienda. También esperamos con ansias a que lleguen los resultados de alguna prueba médica. En esos momentos de espera, preocuparse por los posibles resultados no sirve para nada. Intenta ser agradecido por lo que estás haciendo en el presente, y confía en que cuando se acabe la espera, lo que ocurra será para bien. No puedes controlar el resultado, pero puedes controlar tu manera de manejar la espera.

☐ ACTO DE BONDAD

Invita a alguien a dar una vuelta y disfruta de su compañía.

Generosidad desde lejos

Vayan, pues, y hagan discípulos de todas las naciones,
bautizándolos en el nombre del Padre y del Hijo
y del Espíritu Santo,

MATEO 28:19, NBLA

¿Hay algún país en el que nunca has estado pero que
quieres visitar? ¿Qué es lo que te atrae de esos lugares?
¿Es por la belleza del paisaje o la cultura de la gente? ¡O tal
vez solo tienes ganas de estar en otro lugar que no sea el
de ahora!

Mientras piensas en ese sitio en particular, tómate un
tiempo para pensar en su gente y lo que podrían estar
pasando. Centra tus pensamientos y tus oraciones en
aquellos que están en necesidad; aquellas comunidades
que están fuera de todas las normas comunitarias que te
son familiares. Recuerda que Jesús quería que el evangelio
fuera predicado y llevado hasta los confines de la tierra,
así que haz tu parte y envía su luz y su amor a alguien que
está al otro lado del mundo.

❏ ACTO DE BONDAD

Haz una donación a una asociación benéfica de otro país.

Incendio lento

El Señor es clemente y compasivo,
lento para la ira y grande en amor.

SALMOS 103:8, NVI

¿Qué tienes hoy en tu horario? Cuando nos despertamos ya tenemos muchas cosas que hacer, ¡incluso antes de salir por la puerta! A veces, con las prisas, nos volvemos irritables y desagradecidos cuando las cosas no van bien. La necesidad de terminar las tareas nos deja acelerados y rápidos para enojarnos.

¡Quizá te ayude saber que Dios no es así! Su naturaleza es amar primero y amar siempre. Eso significa que es lento para la ira y muy, muy rápido para aceptarte, aún con tu mal humor. En lugar de sentirte culpable por tu ira, reflexiona en la abundante gracia que Dios tiene para ti y deja que eso te inspire a mostrar más gracia a los demás.

❑ ACTO DE BONDAD

Prepárale un café o un té a alguien.

Perfectamente imperfecto

Porque todos fallamos de muchas maneras. Si alguien no falla en lo que dice, es un hombre perfecto, capaz también de refrenar todo el cuerpo.

SANTIAGO 3:2, NBLA

Cuando un niño hace una tarea para ti, nunca será perfecta, pero es un placer ver lo orgulloso que está de haber ayudado de alguna forma, especialmente si lo ha hecho con alegría y sin que se lo diga otra persona.

No podemos pretender hacer nosotros todo el trabajo de Dios a la perfección, y Él tampoco necesita que lo hagamos. Solo quiere que ayudemos y seamos parte de su buena obra aquí en la tierra. Deja que Él te diga que has hecho un buen trabajo, e involúcrate en cosas aunque no tengas la confianza de poder hacerlas bien. Lo más importante siempre será la actitud de tu corazón.

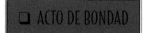

❏ ACTO DE BONDAD

Hazle la cama a alguien.

Explicación de fe

Pues no me avergüenzo de la Buena Noticia acerca de
Cristo, porque es poder de Dios en acción para salvar
a todos los que creen, a los judíos primero
y también a los gentiles.

ROMANOS 1:16, NTV

Ser cristiano puede ser raro hoy en día, porque las
personas viven cada una su propia verdad. Aunque
puedan tolerar tu fe, muchos creen que no hay un solo
camino correcto, o ni siquiera les importa saber si hay algo
verdadero en lo que creer. En lugar de luchar contra esta
filosofía y mentalidad, haz un esfuerzo por explicar tu fe de
manera significativa para el contexto de nuestra sociedad.

Nadie puede discutir tu propia experiencia de conocer
a Cristo y tener la paz que proviene de la promesa de tu
futuro. Si esta semana tienes ocasión de hablar de tu fe, sé
valiente y no te avergüences del evangelio que te ha dado
libertad y puede darla a otros también.

❏ ACTO DE BONDAD

*Lleva algún aperitivo al trabajo y déjalo ahí para
que todos puedan agarrar un poco.*

Onda expansiva

Continuó él, y me dijo: «Esta es la palabra del Señor a Zorobabel: "No por el poder ni por la fuerza, sino por Mi Espíritu", dice el Señor de los ejércitos».

ZACARÍAS 4:6, NBLA

Cuando tiras una piedra a una masa de agua que está tranquila, seguramente desaparezca rápido de tu vista, pero sabes que estuvo ahí porque ves la onda expansiva que sale del punto de impacto. Los círculos comienzan siendo pequeños y después se expanden hacia afuera, haciéndose más y más grandes. El impacto de la piedra va mucho más allá del tamaño de la piedra en sí.

De igual forma, Jesús puede usar nuestras pequeñas obras de bondad para algo mucho más grande de lo que nosotros podamos ver. ¿Qué podrías hacer hoy que pudiera parecer pequeño pero se extenderá más allá de ti hacia la comunidad que te rodea? Puede que nunca llegues a ver el impacto completo, pero puedes confiar en que Dios seguirá usando tu aportación para bien. Simplemente comienza con un acto valiente y atrevido, y deja que Dios se encargue de la onda expansiva.

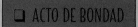

❏ ACTO DE BONDAD

Comparte una publicación que conciencie acerca de algún asunto de justicia social.

Señales de peligro

*Sin embargo, no lo tengan por enemigo,
sino amonéstenlo como a un hermano.*

2 Tesalonicenses 3:15, nbla

Hay una razón detrás de cada advertencia. Podría ser un cartel que te avisa de que la superficie está mojada para que no te escurras, la sirena de una ambulancia que te indica que debes quitarte de en medio, o hasta una pequeña quemadura en la lengua nos avisa de que la comida está demasiado caliente. Las advertencias pueden ayudarnos en el proceso de toma de decisiones.

Es posible sentirse ansioso después de tomar una decisión, pensando que no ha sido la correcta y que debes cambiar de rumbo. Estas advertencias espirituales nos alejan del peligro de herirnos o herir a otros. Presta atención a los avisos del Espíritu Santo y a las cosas de las que Él te pueda estar alejando. Confía en que a Dios le importan tus decisiones.

❏ ACTO DE BONDAD

*Dale las gracias a un amigo que te ha apoyado
en momentos difíciles.*

A su imagen

Y dijo Dios: «Hagamos al hombre a Nuestra imagen, conforme a Nuestra semejanza; y ejerza dominio sobre los peces del mar, sobre las aves del cielo, sobre los ganados, sobre toda la tierra, y sobre todo reptil que se arrastra sobre la tierra».

GÉNESIS 1:26, NBLA

Dios te creó a su imagen. ¿Alguna vez has pensado en lo que eso significa? Dios quiso que tanto tú como el resto de la humanidad mostraran cómo es Él al resto del mundo: que mostráramos la bondad del Creador representando su nombre.

¡Esa es una tarea importante! Pero recuerda que no es algo que tienes que intentar hacer, pues es quien tú eres. Anímate hoy al saber que estás representando a tu Creador solo con ser tú.

❑ ACTO DE BONDAD

Manda a alguien por correo electrónico o mensaje de texto una hermosa imagen de ellos o de sus hijos.

Dispuesto a escuchar

«A los que están dispuestos a escuchar, les digo:
¡amen a sus enemigos! Hagan bien a quienes los odian.
Bendigan a quienes los maldicen.
Oren por aquellos que los lastiman».

LUCAS 6:27-28, NTV

Como bien sabes, los caminos del mundo son diferentes a los caminos del reino. Jesús estableció una nueva forma de vida diferente a la del mundo cuando les dijo a sus seguidores lo que debían de hacer ante quienes los odiaban o lastimaban. Seguramente vienen a tu mente personas que te ven como una amenaza o que no son amables contigo. A veces hasta recibimos burlas por nuestra fe. Es a esa gente que Dios nos pide que amemos.

No es fácil hacer el bien a quien te odia, bendecir a quien te maldice u orar por quien te ha hecho daño. Jesús lo entiende; Él tuvo que perdonar a todos sus enemigos, aún a aquellos que lo llevaron hasta su dolorosa muerte en la cruz. Él te puede dar las fuerzas necesarias para practicar la bondad con aquellos que te han hecho mal.

☐ ACTO DE BONDAD

Ora por alguien que te ha hecho mal, y decide perdonarlo.
Cuando estés listo, envíale un mensaje de agradecimiento.

Diciembre

Hijos, no amemos de palabra ni de lengua,
sino de hecho y en verdad.
1 Juan 3:18, NBLA

Una tarea enorme

«Y ahora, el clamor de los israelitas ha llegado hasta Mí,
y además he visto la opresión con que los egipcios los
oprimen. Ahora pues, ven y te enviaré a Faraón, para
que saques a Mi pueblo, a los israelitas, de Egipto».

ÉXODO 3:9-10, NBLA

¿Alguna vez has sentido que Dios te ha dado una tarea que
es demasiado grande para ti? Después de haber visto a
Dios en la zarza ardiente, Dios le pidió a Moisés que sacara
al pueblo de Israel de Egipto y de las garras de faraón. Esta
iba a ser una victoria impresionante para los israelitas, pero
requería un esfuerzo enorme por parte de Moisés.

¿Qué ha puesto Dios en tu agenda para el día de hoy, para
la semana, o para el año? ¿Crees que es demasiado grande
para ti? Dios quiere hacer cosas increíbles a través de ti,
y Él te dará todo lo que necesites para llevar a cabo su
voluntad si tan solo se lo pides.

❏ ACTO DE BONDAD

*Dale «me gusta» o comparte una publicación de una
asociación benéfica que ayuda a los oprimidos.*

Habla bien

—Espero continuar siendo de su
agrado, señor—respondió ella—.
Usted me consoló al hablarme con tanta bondad,
aunque ni siquiera soy una de sus trabajadoras.

RUT 2:13, NTV

Es difícil sentirte bien contigo mismo en un mundo lleno
de comparaciones y premios por ser el mejor en algo. No
debemos desperdiciar nuestras habilidades y talentos, pero
tampoco debemos enfocarnos en usarlos para demostrar
que somos los mejores. ¡Debemos usarlos para el beneficio
de los demás!

De igual modo, deberíamos elogiar a aquellos que están
haciendo un buen trabajo, porque usan sus dones para
hacer del mundo un lugar mejor. Piensa en alguien a quien
admires o a quien incluso tengas algo de envidia y, en lugar
de intentar revelar sus debilidades, elogia sus fortalezas.

❏ ACTO DE BONDAD

*Elogia el desempeño de alguien delante
de otras personas.*

Entrégalo

Entonces llamó a la multitud para que se uniera a los discípulos, y dijo: «Si alguno de ustedes quiere ser mi seguidor, tiene que abandonar su propia manera de vivir, tomar su cruz y seguirme».

MARCOS 8:34, NTV

Cuando despertamos en la mañana, nos levantamos con buenas intenciones. Queremos trabajar duro, ser amables y ayudar a otros, y a veces nuestras buenas intenciones tienen éxito, pero muchas otras no es así. Queremos seguir a Jesús, pero Él nos pide que lo sigamos bajo sus términos, y eso puede ser difícil.

No se trata de nuestras buenas intenciones; se trata de su manera de hacer las cosas. Mientras vives este día, encomienda tus caminos a sus caminos, sabiendo que Él necesita que entregues tus propios deseos y pongas los suyos por encima.

❑ ACTO DE BONDAD

Dale las gracias a una enfermera.

Siervo de todos

Jesús se sentó, llamó a los doce discípulos y les dijo:
«Si alguien desea ser el primero, será el último de todos
y el servidor de todos».

MARCOS 9:35, NBLA

Jesús siempre va directo al corazón del asunto; ser el
primero en esta vida no tiene mucha importancia. Las
discípulos estaban discutiendo sobre quién de ellos sería
más grande en el reino de los cielos, y Jesús tuvo que
recordarles que su reino no funciona como el del mundo.

Ser grande en el reino de los cielos implica amar a otros
primero; no se trata de sobresalir por encima del resto.
Lleva este pensamiento contigo hoy, y escoge la humildad
y la bondad antes que tu propia idea de éxito.

☐ ACTO DE BONDAD

Dale un masaje en los hombros a alguien de tu casa.

Dejen que vengan

Empezaron a llevarle niños a Jesús para que los tocara,
pero los discípulos reprendían a quienes los llevaban.
Cuando Jesús se dio cuenta, se indignó y les dijo:
«Dejen que los niños vengan a mí, y no se lo impidan,
porque el reino de Dios es de quienes son como ellos».

MARCOS .10:13-14, NVI

¿Estás tan ocupado que pasas por alto cosas pequeñas
pero importantes? Tal vez sean las tareas que prometiste
hacer, los niños que necesitan tu atención, o un amigo al
que deberías haber llamado hace semanas atrás. Tómate
un tiempo para pensar en qué estás volcando la mayor
parte de tu energía, y pregúntate si estás descuidando
algunas de las cosas importantes.

Los discípulos pensaban que las enseñanzas de Jesús
eran más importantes que los niños, pero Jesús les dijo
que dejaran a los niños acercarse a Él. El corazón de Jesús
siempre está orientado hacia aquellos que lo necesitan y lo
buscan de todo corazón. Encuentra un tiempo para hacer
esas cosas pequeñas pero importantes hoy.

❑ ACTO DE BONDAD

*Dona pañales, juguetes u otros artículos
de bebé a tu iglesia local.*

Bendice a los pobres

Entonces Jesús se volvió hacia sus discípulos y les dijo:
«Dios los bendice a ustedes, que son pobres,
porque el reino de Dios les pertenece».

LUCAS 6:20, NTV

Tengas o no riquezas materiales, es posible experimentar la pobreza de muchas otras maneras diferentes. Tal vez estás esperando todavía encontrar al amor de tu vida y te sientes solo, o a lo mejor has perdido al amor de tu vida y te sientes vacío.

Cuando sentimos que no nos queda nada en la vida, Dios nos recuerda que Él nos bendecirá con su reino. Él quiere que tengas bendiciones en esta vida, pero también quiere que sepas que su reino cubrirá todo aquello que hayas deseado o necesitado. Encuentra la manera de compartir esta esperanza con alguien que se sienta desanimado o triste.

❏ ACTO DE BONDAD

Invita a alguien a almorzar o a cenar.

Sobrecargado

> Luego dijo Jesús: «Vengan a mí todos
> los que están cansados y llevan cargas pesadas,
> y yo les daré descanso».
>
> MATEO 11:28, NTV

¿Alguna vez entraste al supermercado para comprar un par de cosas pero terminaste comprando mucho más de lo que querías? Seguramente no habías agarrado un carro o una cesta, así que ahora estás intentando apilar unas cosas sobre otras con la esperanza de que no pese demasiado o se caiga antes de que llegues a la caja. Nuestras vidas pueden sobrecargarse tanto con las cosas de las que tenemos que ocuparnos, que de vez en cuando se nos cae todo y nos venimos abajo. Las implicaciones pueden ser enojarte más con tu familia de lo que sería normal en esa situación, sentirte ansioso, o no ser capaz de concentrarte en algo.

Detente y piensa en lo que estás cargando y en las cosas que tal vez tengas que dejar. ¿Llevas cosas en los brazos, metafóricamente hablando, que realmente no tienes por qué cargar? Pídele a Jesús que te ayude a llevar la carga.

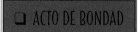

❏ ACTO DE BONDAD

Ayuda a alguien a cargar algo.

Mírame

Pon la mirada en lo que tienes delante;
fija la vista en lo que está frente a ti.

PROVERBIOS 4:25, NVI

Todos somos culpables de haber pasado demasiado tiempo en nuestro teléfono. Es fácil hacerlo, y no siempre por estar mirando las redes sociales; usamos el teléfono para obtener indicaciones con el GPS, contestar correos, y para revisar nuestras agendas y listas de tareas.

Sin importar cuán útil pueda ser tu teléfono, se puede ser un poco descuidado a veces si lo estamos mirando siempre, sobre todo cuando alguien está intentando hablar con nosotros. Eso le dice a la otra persona que no nos interesan realmente sus pensamientos, opiniones o preocupaciones. Ponte en su lugar y asegúrate de hacer por ellos lo que te gustaría que hicieran por ti. Sé más como Jesús, y enfócate en escuchar activamente y que te importe.

> ☐ ACTO DE BONDAD

*Pregunta a alguien de tu trabajo cómo está
y escucha activamente su respuesta.*

Cartas que conmueven

> Me fijé que en esta vida la carrera no la ganan los más veloces, ni ganan la batalla los más valientes; que tampoco los sabios tienen qué comer, ni los inteligentes abundan en dinero, ni los instruidos gozan de simpatía, sino que a todos les llegan buenos y malos tiempos.

ECLESIASTÉS 9:11, NBLA

La mayoría de juegos de cartas requieren una combinación de habilidad y suerte. La partida comienza con las cartas que te han tocado, y continúa con la estrategia que uses para intentar ganar. A veces no tienes las cartas buenas; como se suele decir: «las cartas son las que son». Puede que te criaras en unas circunstancias que no eran las ideales, o sientes que te tocó el premio gordo con la familia que tienes.

Tenemos que jugar con las cartas que nos han tocado, y la gracia de Dios está ahí en cada paso del camino. Puedes usar tu pasado para bien. Deja que la delicada guía del Espíritu Santo, y tu habilidad para usar su sabiduría, te ayuden a navegar entre las dificultades y alegrías de la vida. Busca alguien a quien sabes que le han tocado unas cartas difíciles y sé amable con esa persona hoy.

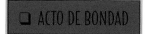

❏ ACTO DE BONDAD

Dona uniformes a la escuela de tu comunidad.

Tormenta

Porque Tú has sido baluarte para el desvalido,
Baluarte para el necesitado en su angustia,
Refugio contra la tormenta, sombra contra el calor.
Pues el aliento de los crueles
Es como turbión contra el muro.

ISAÍAS 25:4, NBLA

Las distracciones toman formas muy diferentes. Pueden ser tareas del hogar, una petición de un amigo, o el dolor de estómago que te da cuando tienes hambre. Las distracciones nos impiden progresar en las cosas que deberíamos terminar, y nos hacen no prestar atención a las cosas en las que deberíamos fijarnos.

¿Qué te está distrayendo ahora mismo? ¿Hacia dónde intenta Dios dirigir tu atención? Algunas veces no queremos preguntarle porque tenemos miedo de la respuesta. Confía en que Él quiere que respondas a su llamado para que todo pueda obrar para bien. ¿Habrá alguna tormenta de camino de la cual Dios te quiere proteger? Permite que su guía te lleve lejos del peligro.

❏ ACTO DE BONDAD

*Haz alguna tarea de tu lista de tareas
que beneficie a más personas, no solo a ti.*

Dos son mejores que uno

Es mejor ser dos que uno, porque ambos pueden ayudarse mutuamente a lograr el éxito.

ECLESIASTÉS 4:9, NTV

Una parte de volverse amigo de alguien es comer juntos. Se pueden compartir muchas cosas en una cena o un café, y abrir tu casa e ir a la casa de alguien crea intimidad.

Piensa en alguien con quien te sientes cómodo haciendo eso; a menudo suelen ser las personas más cercanas. Después, piensa en el dolor que te causaría que esa persona o esas personas se volviera en tu contra. En nuestra vida puede haber rotura de relaciones y, cuando ocurran, necesitamos que Jesús intervenga. Si estás haciendo duelo por una amistad, tráela ante el Señor en oración.

☐ ACTO DE BONDAD

Ve a tomar café o té con un amigo.

Haz el bien

Tú eres bueno y haces el bien;
Enséñame tus decretos.

SALMOS 119:68, NVI

Seguramente muestres una sonrisa cuando saludes a las personas con las que te cruces hoy; quizá cuando salgas de casa y digas adiós a tus seres queridos, o cuando compartas unas risas con amigos o las personas con las que trabajas.

No prestamos mucha atención a las sonrisas que mostramos, pero son una señal muy poderosa que puede animar a alguien en un instante. Si no has recibido ninguna sonrisa aún esta mañana, sé el que sonríe primero. Trae alegría al día de otra persona mediante tus buenas obras y tus buenas palabras.

❏ ACTO DE BONDAD

Sonríe a todas las personas con las que interactúes.

Como yo los he amado

> «Y este es mi mandamiento: que se amen los unos a los otros, como yo los he amado».
>
> Juan 15:12, nvi

¿Conoces el concepto de la cadena de favores? Tú haces algo amable por alguien y esa persona, a su vez, hace algo por otra, y así sucesivamente; favor tras favor, promoviendo la bondad y el servicio a todos. Ese es el fruto que la Biblia describe.

Las cosas que hacemos aquí, en nombre de Dios, tendrán efectos duraderos. Cualquier acto de bondad que hagamos en nuestra fidelidad a Dios, producirá fruto. Ese fruto echará raíces, dando forma a una vida con un impacto duradero. A su vez, ese fruto tendrá semillas que serán plantadas en otro lugar en nombre de Dios y así sucesivamente, bendiciendo a una persona tras otra.

❏ ACTO DE BONDAD

Ofrécete para limpiar la casa de un amigo.

Vence el mal con el bien

No te dejes vencer por el mal; al contrario,
vence el mal con el bien.

ROMANOS 12:21, NVI

No es fácil admitir cuando has cometido un error. A veces,
mientras dices algo, te das cuenta de que no es lo correcto;
otras veces no te das cuenta hasta después de que no
tienes razón acerca de cómo percibiste una situación.

Admitir que has juzgado mal a una persona o situación te
llena de humildad, pero reconocerlo es igual de importante.
Es poco frecuente que alguien se disculpe por su error,
pero es un paso muy importante para poder reconciliarse.

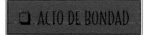

ACTO DE BONDAD

*Compra algo de leche, pan y huevos
y llévaselo a tu vecino.*

Recompensas por el trabajo

Y Tuya es, oh Señor, la misericordia,
Pues Tú pagas al hombre conforme a sus obras.

SALMOS 62:12, NBLA

Seguro que alguna vez has sentido que tu corazón estaba dividido. No siempre es por algo malo o por la confusión sobre qué hacer o dónde ir, sino que suele ser por dos cosas buenas entre las cuales tienes que elegir, y una no tiene por qué ser más correcta que la otra. Podría ser una decisión relativa a tu carrera, a cuál de tus amigos le prestas atención, o en qué lugar vivir durante el próximo año.

En esos momentos, tienes que depender de la fidelidad de Dios. Él está listo para enseñarte sus caminos, pero a veces tienes que equivocarte primero para poder saber cómo hacerlo mejor. Por lo tanto, ten paciencia contigo mismo y sigue dejando que Él te guíe.

❏ ACTO DE BONDAD

Lleva algunos dulces o chocolates a tu trabajo.

Todo lo que hagas

Todo lo que hagas, hazlo bien, pues cuando vayas a la tumba no habrá trabajo ni proyectos ni conocimiento ni sabiduría.

ECLESIASTÉS 9:10, NTV

Ir a una entrevista nunca es divertido. Normalmente, estamos nerviosos porque queremos expresarnos bien y dar la impresión correcta. Es posible que necesites que te recuerden ser agradecido por los nervios, porque eso significa que realmente te importan las cosas.

Si necesitas un empleo o un cambio en tu carrera ahora mismo, y eso implica tener que asistir a una entrevista, sé valiente. Dios te ha creado con dones únicos y habilidades que nadie más tiene. Escribe todos esos dones y la combinación de tus habilidades para que puedas presentarlas bien, y anímate sabiendo que Dios piensa que eres genial y que Él te guiará a lo mejor para ti.

☐ ACTO DE BONDAD

Ofrécete a ayudar a tu jefe con una tarea extra.

Un regalo del Señor

Los hijos son un regalo del Señor;
son una recompensa de su parte.

Salmos 127:3, ntv

Un hijo es el centro del universo de sus padres. Es muy raro que un buen padre piense en las decisiones que tiene que tomar sin pensar en cómo afectarán a sus hijos, y a menudo tomará decisiones solo por el bien de sus hijos. De igual modo, un buen padre protegerá a sus hijos a toda costa, y los mantendrá seguros y a salvo como una gallina protege a sus pollitos bajo sus alas.

Ese es el mismo amor paternal que Dios tiene por ti. Él es ese Padre perfecto que está de tu lado y que te protegerá con todas sus fuerzas. Decide hoy ver a Dios como tu Papá y Mamá perfectos.

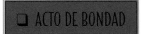

❏ ACTO DE BONDAD

Anima a la mamá de un bebé.

Pequeñas semillas

Y que de todas las semillas es la más pequeña;
pero cuando ha crecido, es la mayor de las hortalizas,
y se hace árbol, de modo que las aves del cielo
vienen y anidan en sus ramas.

MATEO 13:32, NBLA

Las riquezas del Señor son su bondad, su gracia y su soberanía como Rey sobre todo. Dios siempre tiene la capacidad de proveer para todas nuestras necesidades. A veces podemos sentir que no somos dignos de recibir nada del Señor y nos cuesta confiar; nos preocupamos por nuestras necesidades.

Las buenas noticias acerca de Jesús son que Él nos ha dado acceso al trono de Dios. Tú eres un hijo del Rey y Él te ofrece sus riquezas; lo único que tienes que hacer es amarlo, pedirle y confiar en su bondad. La promesa que Él te hace es que cuidará de ti.

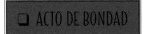

❏ ACTO DE BONDAD

Alimenta a los pájaros.

Banquete para los pobres

«Antes bien, cuando ofrezcas un banquete, llama a pobres, mancos, cojos, ciegos, y serás bienaventurado, ya que ellos no tienen para recompensarte; pues tú serás recompensado en la resurrección de los justos».

LUCAS 14:13-14, NBLA

A pesar de todas las cosas negativas que puedas pensar o decir de la iglesia, ya sea la iglesia global o tu propia iglesia a la que asistes, tenemos que recordar que Dios ama a su novia y la está usando de manera activa para avanzar su reino.

¿Cuáles son algunas de las cosas en las que tu iglesia está involucrada ahora mismo? Sé generoso con tu voluntariado y con tu tiempo para contribuir a las buenas obras que ese cuerpo de creyentes está haciendo. La iglesia de Dios es un vehículo para ver ocurrir cosas asombrosas, así que sé partícipe de ella.

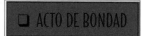

☐ ACTO DE BONDAD

Sé voluntario en algún evento que organice tu iglesia.

Consejero

«Pero el Consejero, el Espíritu Santo que el Padre enviará en mi nombre, les enseñará y recordará todo lo que les dije».

JUAN 14:26, PDT

Cuidar a niños de manera regular requiere mucha paciencia. Los maestros, en particular, tienen que lidiar con mucho estrés; no solo intenta enseñar a los niños nuevas habilidades e información, sino que también están lidiando con su comportamiento en cada paso del camino. Esto puede ser extremadamente agotador y difícil, y necesitan tiempo de descanso para tener al energía suficiente para enfrentar un nuevo día lleno de retos.

Averigua una manera en la que puedas apreciar hoy a los maestros que conoces.

❏ ACTO DE BONDAD

Dile a algún maestro que está haciendo un trabajo increíble.

Cuidado con las palabras

«Pero Yo les digo que de toda palabra vana que hablen los hombres, darán cuenta de ella en el día del juicio. Porque por tus palabras serás justificado, y por tus palabras serás condenado».

MATEO 12:36-37, NBLA

Seguro que alguna vez te ha pasado en el trabajo o en la escuela que un grupo de personas han empezado a hablar mal de alguien que conoces. A menudo no nos importan esas discusiones, porque queremos saber que otras personas también experimentan las mismas dificultades con esa persona que nosotros. Pero, al mismo tiempo, si no nos apartamos de esas conversaciones, lo único que conseguimos es que el juicio sea mayor.

Pídele al Espíritu Santo que intervenga en tus conversaciones y que te avise cuando las cosas se estén poniendo feas. Ponte en el lugar de la otra persona a la que no le gustaría que hablen de ella, y detén los comentarios negativos antes de que sea demasiado tarde.

❏ ACTO DE BONDAD

Escribe un comentario positivo en las redes sociales.

La sabiduría de la edad

En los ancianos está la sabiduría,
Y en largura de días el entendimiento.

JOB 12:12, NBLA

Es muy triste que, en muchas culturas hoy en día, a las personas ancianas no se les trata con el respeto que merecen. Tenemos mucho que aprender de aquellos que han caminado en la vida más tiempo que nosotros, y seríamos inteligentes si pasáramos tiempo pidiéndoles consejos para la vida.

Las personas sabias escuchan la instrucción; siguen buscando el camino de la sabiduría. De la misma manera, la persona justa es aquella que quiere seguir aprendiendo sobre la verdad que ya conoce. ¿Está abierto tu corazón a recibir instrucción? ¿Quieres ampliar tu conocimiento de la verdad de la Palabra de Dios? Dios se deleita en que lo busques, y te enseñará para que seas aún más sabio.

❑ ACTO DE BONDAD

Lleva algunos crucigramas a una residencia de ancianos.

Rostros angelicales

«Miren que no desprecien a uno de estos pequeñitos, porque les digo que sus ángeles en los cielos contemplan siempre el rostro de Mi Padre que está en los cielos».

MATEO 18:10, NBLA

El amor de nuestro Padre celestial no tiene límites. Descansa por un momento en ese pensamiento; no hay nada que puedas hacer para cambiar los sentimientos que Él tiene por ti. Es fácil olvidarse de que ya somos perfectamente amados, y nuestro Padre nos ama más de lo que podemos imaginar. Él haría cualquier cosa por nosotros.

¿A quién amas más ferozmente, con más protección, y desesperadamente aquí en la tierra? ¿Qué harías por esa persona? Piensa que eso es solo una pequeña fracción, casi nada, de lo que Dios está dispuesto a hacer por sus hijos.

❏ ACTO DE BONDAD

Regala un libro a algún niño que conozcas.

Extraordinario

> Y el ángel le dijo: «No temas, María, porque has hallado gracia delante de Dios. Concebirás en tu seno y darás a luz un Hijo, y le pondrás por nombre Jesús».
>
> LUCAS 1:30-31, NBLA

María era una persona ordinaria a la que se le pidió que hiciera algo extraordinario; algo inmensamente grande llegó a través de una persona obediente. No hay duda de que ella era digna de ese papel porque, como dicen las Escrituras, ¡ella había hallado el favor de Dios y fue escogida para llevar a cabo uno de los actos más significativos de nuestra fe cristiana!

Puede que te sientas ordinario o insignificante en esta vida, pero no lo eres. Dios ve tu trabajo duro, tu dirigencia, y tu habilidad para hacer grandes cosas por Él. Dios ha usado a muchas personas en el camino para llevar a cabo su plan de redención, y sigue haciéndolo hoy. Dios quiere usarte a ti en su reino que no tiene fin; ¡ya eres parte de la eternidad!

❏ ACTO DE BONDAD

Compra un regalo de Navidad para alguien que está pasando por dificultades económicas.

Nos ha nacido

Porque un Niño nos ha nacido, un Hijo nos ha sido dado,
Y la soberanía reposará sobre Sus hombros.
Y se llamará Su nombre Admirable Consejero,
Dios Poderoso, Padre Eterno, Príncipe de Paz.

ISAÍAS 9:6, NBLA

Si alguna vez has estado presente en un parto o has dado a luz, sabrás el increíble gozo y la esperanza que llegan con la nueva vida. Eso es lo que nos fue dado cuando Jesús vino a este mundo. Él vino humildemente, pero su llegada marcó el inicio de una nueva vida para toda la humanidad.

La vida de Jesús fue un regalo tan grande como su muerte y su resurrección, y a través de Él podemos conocer a Dios y saber cuál es nuestro destino eterno. Cuando celebres la Navidad este año, dedica tiempo a maravillarte por lo que Jesús ha hecho por todas las personas y para siempre. Que tu meta sea compartir el regalo de la vida, la luz y el amor con otros.

□ ACTO DE BONDAD

Dona algunos juguetes al ala infantil de un hospital.

Bondad increíble

De modo que, en los tiempos futuros, Dios puede ponernos como ejemplos de la increíble riqueza de la gracia y la bondad que nos tuvo, como se ve en todo lo que ha hecho por nosotros, que estamos unidos a Cristo Jesús.

EFESIOS 2:7, NTV

Se dice que la bondad del Señor es lo que nos lleva al arrepentimiento. No su ira ni su enojo; su bondad. En la bondad hay poder; el poder que toca corazones y cambia vidas. Es posible que de modo inconsciente equiparemos la bondad con debilidad, pero no hay nada más lejos de la realidad.

Algunas veces no lo entendemos, y asumimos que Dios está enojado con nosotros o que nos hemos apartado demasiado de Él. Pero sus brazos siempre están abiertos para recibirnos. Sin importar las veces que le hayamos dado la espalda, su misericordia y su bondad hacia nosotros son siempre constantes.

ACTO DE BONDAD

Envía por texto una nota de ánimo a algún amigo.

Fluir de modo natural

Él te ha declarado, oh hombre, lo que es bueno.
¿Y qué es lo que demanda el SEÑOR de ti,
Sino solo practicar la justicia, amar la misericordia,
Y andar humildemente con tu Dios?

MIQUEAS 6:8, NBLA

Dios nos pide que busquemos la justicia y que vivamos sabiendo la diferencia entre el bien y el mal, decidiendo hacer lo correcto. Nos pide que amemos la bondad, que deseemos mostrar amor a los demás, que llevemos a cabo actos de amor con alegría, y que caminemos en humildad con Él. No podemos hacer nada de eso en nuestras propias fuerzas, y ni siquiera deberíamos intentarlo. Cuando caminamos en humildad, entendemos que no somos nada sin Dios, y que necesitamos su amor para poder hacer lo que Él nos ha pedido que hagamos.

Cuando lo pedimos, Dios nos ayuda a tener un corazón humilde para con los demás. Cuando las personas nos hagan preguntas, nos esforzaremos por ir ante Dios y pedirle sus respuestas en lugar de dar las nuestras. Cuando nos sometemos a Él, su compasión y su bondad fluirán de modo natural de nosotros.

❏ ACTO DE BONDAD

Págale el café a la persona que está detrás de ti en la fila.

Dulce bondad

Sean siempre humildes y amables.
Sean pacientes unos con otros
y tolérense las faltas por amor.

Efesios 4:2, ntv

La dulzura se encuentra en el cruce entre el amor y la bondad. Podemos pedirle a Dios dulzura, pero la mayoría de las veces Él responde dándonos su perspectiva sobre el asunto. La bondad de Dios produce la dulzura que necesitamos, y es algo contagioso en el corazón de un creyente, que nos inspira a ser amables con todos.

También podemos pedirle al Espíritu Santo que nos entrene en la dulzura. Podemos pedirle que nos dé la perspectiva correcta para que nuestros corazones crezcan y se llenen de más compasión. Dios no cambia; Él no se frustra con nuestra falta de crecimiento, sino que trabaja incansablemente en nosotros para que podamos tratar a otros con la dulzura que le caracteriza.

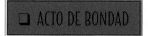
❑ ACTO DE BONDAD

Lava los platos de otra persona.

Famoso por su fidelidad

Porque el S ENOR es bueno;
Para siempre es Su misericordia,
Y Su fidelidad por todas las generaciones.

S ALMOS 100:5, NBLA

El Señor siempre es bueno. ¿Lo crees? Es fácil para nosotros ver las circunstancias de nuestra vida y cuestionar la bondad de Dios, porque solo vemos las cosas a través de nuestra perspectiva humana. Pero sabemos que Él es fiel y, de hecho, ¡es famoso por su fidelidad!

No hay nadie que sea tan fiel como Dios. Sabemos que podemos confiar en Él porque siempre ha demostrado ser digno de confianza. Su amor es tan grande que nos asombra, y su bondad nos maravilla. Podemos correr a su presencia en cualquier circunstancia porque Él es bueno, Él es fiel, y Él cumple sus promesas. Gracias a eso, podemos decidir ser amables con los demás aunque ellos no sean amables con nosotros.

❏ ACTO DE BONDAD

*Pon notas adhesivas inspiracionales
por tu casa o en tu lugar de trabajo.*

Sin quejas

Amados hermanos, cuando tengan que enfrentar cualquier tipo de problemas, considérenlo como un tiempo para alegrarse mucho porque ustedes saben que, siempre que se pone a prueba la fe, la constancia tiene una oportunidad para desarrollarse.

SANTIAGO 1:2-3, NTV

Dios nos trata con mucho amor. ¿Lo creemos? Podríamos hacer una lista con muchas cosas que no parecen llevar el sello de la bondad de Dios: un amigo que nos traicionó, un familiar que tiene cáncer, un niño caprichoso que sigue ofendiendo, un negocio que sale mal... Cuando Dios se humilló para tomar forma humana, estaba tratándonos con amor. Cuando Él soportó todo el sufrimiento del pecado pensando en nosotros, estaba tratándonos con amor. Cuando nos dio a su Espíritu Santo para darnos consuelo y guía, nos estaba tratando con amor.

No podemos llevarnos ni una pizca del mérito de la compasión de Dios con nosotros. Le debemos a Él cada éxito, cada bendición, y cada aliento. Cuando traemos nuestras quejas ante Él, en su misericordia y bondad, Él nos trata con amor. Nos escucha, le importa y responde; no dejes que la amargura opaque todo aquello que Dios ha hecho y hará en medio de tus dificultades. Permanece en esta verdad: Dios te trata con amor.

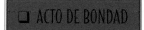

❏ ACTO DE BONDAD

Haz de este día un día libre de quejas.

Un futuro y una esperanza

«Porque Yo sé los planes que tengo para ustedes», declara el SEÑOR, «planes de bienestar y no de calamidad, para darles un futuro y una esperanza».

JEREMÍAS 29:1, NBLA

Ahora es un buen momento para reflexionar acerca de tu año. ¿Qué cosas estás orgulloso de haber conseguido? ¿De qué te arrepientes? Ha sido un año de hacer pequeños actos de bondad, pero precisamente esas son las cosas que llevarán el amor radical de Cristo al mundo que te rodea. Siéntete orgulloso de quién eres en Cristo y por tener un corazón que ha ampliado sus límites a la hora de amar a los demás.

Al mirar hacia adelante a un nuevo año, ¿qué planes estás trazando? No olvides que tú puedes hacer planes, pero en última instancia es Dios el que te guía hacia lo mejor para tu vida. Él tiene un futuro grandioso preparado para ti. Dale gracias por los éxitos y fracasos y no sueltes su mano, entrando al nuevo año con esperanza por lo porvenir. Que Dios te bendiga y te guarde.

❏ ACTO DE BONDAD

Permite que la bondad de Dios se asiente en tu corazón y te dé esperanza para el mañana.